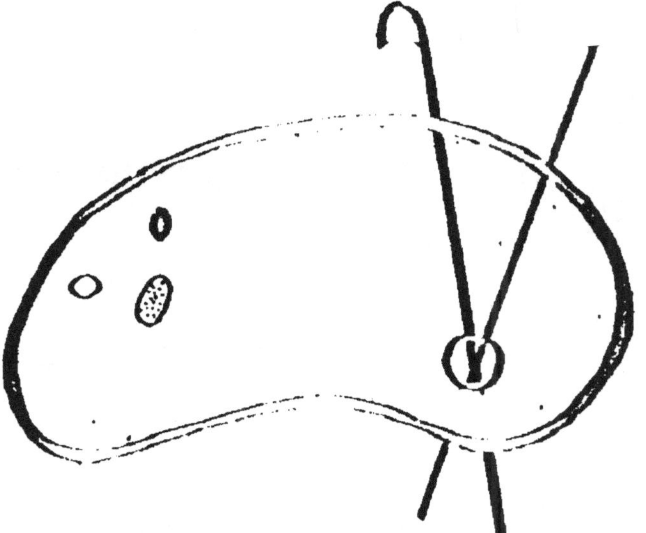

DEBUT D'UNE SERIE DE DOCUMENTS
EN COULEUR

...POLOGÉTIQUE GÉNÉRALE

JUDAS DE COLOGNE

Récit de ma Conversion

Introduction et Notes
par A. de GOURLET

BLOUD & Cⁱᵉ
S. et R. 635

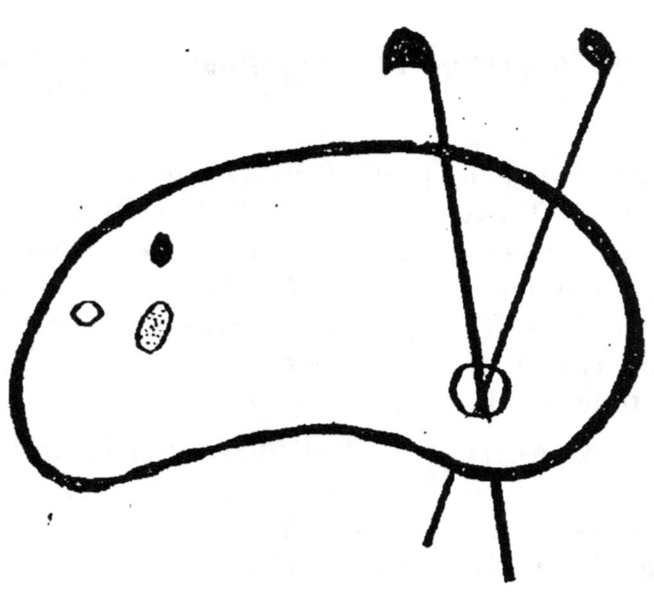

FIN D'UNE SERIE DE DOCUMENTS
EN COULEUR

Récit de ma Conversion

INTRODUCTION ET NOTES

PAR

A. de GOURLET

PARIS

LIBRAIRIE BLOUD ET Cie

7, PLACE SAINT-SULPICE, 7,

1 ET 3, RUE FÉROU — 6, RUE DU CANIVET

1912

MÊME SÉRIE

INTRODUCTION

Avoir été pendant des siècles les uniques détenteurs de la Vérité révélée ; avoir, dans la solidarité d'un même refus, subi, durant de longs siècles aussi, les opprobres et le mépris des nations, tout ce passé commun de gloire et de misère a marqué la race juive d'une empreinte ineffaçable et a créé entre ses enfants une cohésion morale que la dispersion effective rend plus indéracinable encore. Même lorsque quelques figurants de cette épopée, la plus grandiose que le monde ait vécue, échappent aux errances sans fin du désert pour toucher le sol de la vraie Terre Promise, de l'Eglise, le baptême les laisse enfants d'Abraham, le zèle de leur foi nouvelle se porte sur les cohéritiers de leur tradition antique ; ils se tournent vers les « brebis perdues de la maison d'Israël » et avec l'apôtre ils redisent à leurs frères : « Nous avons trouvé le Messie. »

Le moyen âge est rempli de brillants apologistes de la foi chrétienne sortis des rangs du Judaïsme : Samuel de Maroc, Nicolas de Syra, Sixte de Sienne et tant d'autres, qui s'efforcent de faire jaillir du texte de l'Ancienne Alliance les clartés de la Nouvelle avec assez d'éclat pour convaincre les Juifs. De nos jours, les Ratisbonne et les Lémann se sont voués tout entiers à la conversion d'Israël ; ils ont créé des milices qui n'ont pas d'autre but.

Où ce souci paraît le plus évident, c'est chez ceux qui, le front encore imprégné de l'eau sainte, retracent le chemin parcouru afin d'éclairer la voie de ceux qu'ils espèrent entraîner ; lorsqu'un Paul Lœwengard, par exemple, proclame *la splendeur catholique* vers laquelle il a marché *du Judaïsme à l'Église* et raconte les étapes traversées.

M. Lœwengard avait été élevé en dehors de toute croyance ; il était philosophe matérialiste et poète néo-païen, c'est possible, mais cependant sa conversion porte un tout autre caractère que celle d'un Huysmans ou d'un Retté. Dans le milieu français du xxᵉ siècle il se retrouve vraiment juif, vraiment issu de ces ancêtres qui, à Aix-la-Chapelle, « se plaisaient à converser avec le rabbin, observant les rites de la Synagogue et lisant le Talmud » ; dès qu'une impression religieuse atteint son âme, c'est tout un atavisme qui se réveille, il se sent « l'enfant du vieux peuple hébreu » et les siècles de monothéisme palpitent dans ses veines le premier soir où sa mère met sur ses lèvres ces mots « Mon Dieu ! » Plus tard, après les années d'impiété, de luttes et de doutes, la réponse de paix et de salut n'arrive jusqu'à son cœur que lorsqu'elle lui est apportée par un prêtre catholique qui est « un fils d'Israël » ; il vient au Christ sans renier « sa terre et ses morts ! »

Il est intéressant de comparer ces pages si modernes et si profondément sémitiques avec une biographie presque parallèle, bien que vieille de huit siècles, et de voir combien fut analogue la marche qui jadis amena *Judas de Cologne* à la lumière de l'Église.

∴

Les communautés juives étaient nombreuses et prospères dans la région rhénane, au moyen âge, sans que cette situation résultât d'aucun événement récent. L'empire romain avait toujours été sillonné par l'infatigable trafic des Juifs, et, longtemps avant les invasions, les contrées gallo-romaines comptaient dans leurs métropoles et leurs cités des centres nombreux de commerce hébraïque. Ils ne tardèrent pas à gagner vers le nord et s'établirent tout le long du Rhin, alors la plus grande voie et la plus fréquentée du commerce européen, ne se contentant pas de visiter les grandes places commerciales, mais s'installant dans le pays, y faisant souche, prenant part à sa vie, si bien que

Siméon, septième évêque de Metz, en 350, est d'extraction juive (1).

Israël continua simplement dans l'Europe nouvelle le rôle commercial et financier qu'il avait tenu dans le monde romain ; en s'y réduisant il parvint à se faire accepter, et dans le haut moyen âge on ne trouve aucune distinction de demeure ni de vêtement entre Juifs et chrétiens (2). Un tel état de choses subsista beaucoup plus longtemps en Allemagne qu'en France : les Juifs furent mêlés aux bourgeois des villes qu'ils habitaient jusqu'au xiie siècle sur le Rhin et jusqu'au xiiie dans la Germanie orientale. Leur religion seule les faisait tenir à l'écart ; leur qualité d'étrangers n'apparaissait pas encore nettement à cette société dans laquelle la notion de nationalité demeurait un peu vague, et quand ils se convertissaient ils entraient de plain-pied dans la vie sociale. Des prénoms juifs se retrouvent à cette époque parmi les membres des familles patriciennes de Worms, de Mayence et de Cologne, indiquant une origine ou des alliances juives (3).

L'importance économique et financière des Israélites fut grande pendant tout le moyen âge ; M. Pinkus, dans une récente étude (4), cherche à établir qu'ils ont reçu des Phéniciens la notion du capitalisme, système auquel ils seraient restés fidèles dès l'antiquité. Cependant nous les voyons bien longtemps pratiquer l'usure *réelle*, le prêt sur gage, et le commerce proprement dit, le trafic des marchandises, avant que le commerce d'argent se développe.

Dans les contrées gallo-romaines et germaniques, ils s'étaient emparés de tout le négoce lointain. Lors des Croisades, le commerce occidental s'étend, devient international ; le marché ne se limite plus à quelques villes, marchands et marchandises sillonnent la Médi-

---

(1) Aronius, Dresdner et Lewinski, *Regesten zur Geschichte der Juden*, p. 3.
(2) G. Liebe, *Les Juifs dans l'Ancienne Allemagne.*
(3) G. Liebe, *op. cit.*
(4) *Études sur la situation économique des Juifs*, thèse présentée en 1905 à l'Université de Berne.

terranée, Venise, Gênes, Byzance, sont les grands centres d'affaires et le capital fait forcément son apparition.

Les Juifs, alors, deviennent les principaux fournisseurs d'argent (1), car leur richesse, très grande dans tous les États d'Europe (2), était surtout demeurée mobilière ; les acquisitions territoriales leur étaient le plus souvent interdites et avaient d'ailleurs à cette époque peu d'attrait pour qui ne pouvait pénétrer dans la hiérarchie féodale. Le commerce d'argent se concentre à peu près exclusivement entre leurs mains, les défenses ecclésiastiques en éloignant les chrétiens. Leurs richesses s'accroissent plus rapidement encore que par le passé, mais le sentiment public s'élève contre ceux dont le nom lui apparaît comme synonyme d'usurier ; *prix de juif,* c'est, au moyen âge, le nom technique de cet intérêt que l'Église défend d'exiger (3). Avoir recours aux Juifs était s'aventurer bien loin sur le chemin de la ruine, car, dans les villes du Rhin, le taux légal fut jusqu'au xve siècle de 43 1/2 0/0 et s'éleva en diverses rencontres jusqu'à 174 0/0. D'autres fois, au lieu d'un intérêt, le prêteur stipulait seulement une amende pour le cas où le paiement ne serait pas effectué à la date fixée, et alors il n'y avait plus de taux à respecter.

Peu à peu, le mépris gagna les populations chrétiennes vis-à-vis de ces Juifs qui se cantonnaient dans des besognes interdites, devenaient des instruments de ruine pour de nombreuses familles, et s'enrichissaient sans travail apparent. Pour ne pas se sentir atteints par ce mépris, les Juifs alors se réfugièrent dans l'orgueil de leur race, de leurs traditions, et ils s'attachèrent à l'étude des Livres Saints qui demeuraient leur charte de gloire.

Le xie et le xiie siècle furent marqués dans tout le monde hébraïque, spécialement en Espagne et en Allemagne, par une renaissance des études bibliques (4),

(1) Dès le xe siècle, Charles le Chauve recourait à un banquier juif. DEPPING, *Les Juifs dans le Moyen Age.*
(2) PINKUS, *op. cit.*
(3) G. LIEBE, *op. cit.*
(4) *Hist. litt. de la France,* t. IX, p. 132-135.

études auxquelles beaucoup de rabbins joignirent celle
de la médecine ou de la philosophie aristotélique ; on
trouve à cette époque des médecins juifs près de tous
les souverains de l'Europe (1).

Chez les Juifs d'Allemagne, la ferveur était grande,
ainsi que le zèle de la Loi ; l'éducation qu'ils donnaient
aux enfants avait pour but d'imprégner ceux-ci de
science biblique et de leur créer un milieu intellectuel
et moral qui les marquât d'une forte empreinte natio-
nale (2). Naturellement, à mesure que les rapports se
tendaient entre Juifs et chrétiens, cette éducation deve-
nait plus jalousement exclusive (3) et les précautions
d'un peuple se sentant étranger dans le pays qu'il habite
se multipliaient.

Cette fin du xie siècle est en effet l'époque même à
laquelle l'esprit public devient hostile aux Juifs. On
commence à accuser la population hébraïque de meurtres
commis sur la personne des archevêques, accusation
qui se renouvelle à plusieurs reprises à Magdebourg, à
Mayence et à Cologne pendant le cours du xiie siècle.
Toutefois les crimes rituels devaient seuls rendre l'abîme
infranchissable entre Juifs et chrétiens, et ils ne furent
dénoncés qu'au xiiie siècle (4), de sorte qu'une paix
relative subsistait pour Israël.

∴

Un des plus curieux monuments de cette époque de
transition est l'*Opuscule* par lequel *Judas, juif de Cologne,* raconte sa conversion au christianisme. Après
cet événement, que l'on s'accorde à placer entre 1120

(1) L'illustre Maïmonide était médecin de Richard Cœur de Lion.
J. DARMESTETER, *Coup d'œil sur l'histoire du peuple juif,* p. 24.

(2) Le même souci se retrouve de nos jours partout où il existe une
population juive agglomérée. Voir à ce sujet *Children of the Ghetto,*
roman dans lequel M. ZANGWILL retrace les mœurs que les Juifs
russes, polonais, allemands, etc., ont implantées et maintiennent
dans tout un quartier de Londres.

(3) Un tableau très vivant de l'existence des Juifs allemands au
moyen âge a été tracé par M. BERLINER : *Aus dem Leben der
deutschen Juden im mittelalter.*

(4) G. LIEBE, *op. cit.*

et 1128 (1), Judas, qui avait reçu au baptême le nom
d'Hermann, devint moine chez les Prémontrés de
Cappenberg en Westphalie (2). Dans un but d'édifi-
cation, il écrivit son histoire, et ce récit d'une âme dont
les accents résonnent si déchirants et si intensément
vrais qu'ils ont pu être comparés aux *Confessions de
saint Augustin*, ce récit s'encadre et se situe par mille
détails dans l'existence journalière des villes rhénanes
au xii° siècle.

Toute la vie de Judas fut orientée par un voyage qu'il
fit à Mayence pour y traiter d'opérations commerciales,
de vente et d'achat de marchandises. Les marchands se
pressaient dans cette ville parce que l'empereur Lothaire
y résidait à ce moment avec une suite nombreuse, et
les Juifs, en même temps qu'ils fournissaient au luxe de
la cour impériale, y faisaient à l'occasion office de
banquiers. Un personnage important de l'entourage
du souverain, Ekbert, évêque de Munster, se trouva
obligé de recourir à un emprunt ; Judas, à peine âgé
de vingt ans, ne crut pas devoir prendre de garanties
vis-à-vis d'un conseiller de l'empereur et prêta la
somme désirée sans exiger aucun gage. Mais, lorsque
le jeune homme revint à Cologne, ses parents et ses amis
« lui adressèrent de durs reproches, l'accusèrent d'une
impardonnable négligence pour avoir eu la présomption de prêter de l'argent sans gages, tandis qu'il
devait, d'après la coutume des Juifs, coutume bien
connue de tous, exiger un gage dont la valeur fût le
double de la somme prêtée. » Fut-il impossible à Ekbert
de fournir un gage aussi important, ou refusa-t-il
prudemment de livrer aux Juifs quelques pièces du
trésor épiscopal ? Toujours est-il que la sûreté de la
créance fut cherchée par un autre moyen et le conseil

(1) *Regesten zur Geschichte der Juden*, p. 103 — Fabricius : *Biblio-
theca mediæ ætatis*, t. III, p. 222 — La *Bio-Bibliographie* d'Ulysse
Chevalier n'indique pas la date du baptême, mais dit qu'Hermann fut
prévôt de Cappenberg de 1124 à 1140.

(2) Il est généralement identifié avec Hermann le Prémontré,
prévôt de Cappenberg et auteur d'une vie de saint Godefroy, abbé de
ce monastère, mort en 1126. Cette identification, mise jadis en doute par
Fabricius, parut solidement établie à la suite des travaux publiés en
1888 par le P. Brischar dans la revue *Der Katholik* et le Dr Arc-
nius dans *Zeitschrift für die Geschichte der Juden in Deutschland*.

familial décida que Judas s'installerait chez l'évêque
et ne le perdrait pas de vue jusqu'à ce que la dette
fût entièrement payée. Bien que ce puisse être long,
Ekbert agrée la présence d'un Juif sous son toit ; ses
familiers font place au jeune créancier qui est admis à
la table commune et dans l'intimité de la maison
épiscopale.

C'est ainsi que Judas se trouve vivre plusieurs mois
au milieu des chrétiens. Au xii⁰ siècle il n'était pas
encore de mode pour les auteurs de mémoires de se poser
complaisamment sous les yeux du public et de préluder
à leurs confidences en faisant leur portrait ; d'ailleurs
le pieux Prémontré, avide d'aider les âmes à sortir de
l'erreur, avait un tout autre souci que celui de sa noto-
riété personnelle. Et cependant, à travers l'austère
naïveté et le ton merveilleusement simple du récit,
Judas apparaît comme un adolescent rempli de charme
dont la vive intelligence et la droiture firent sans tarder
la conquête de tout le milieu ecclésiastique de Munster.
Accompagnant partout l'évêque son débiteur, il l'enten-
dait prêcher et en recherchait les occasions avec une
assiduité qui ne manqua pas d'éveiller les espérances
de l'entourage ; il visitait les églises dont chaque pierre
et chaque détail lui était un sujet d'étonnement ; dési-
rant la société de jeunes gens comme lui, il se rendait
souvent à l'école des clercs, y était toujours le bienvenu,
y feuilletait des livres tant et si bien qu'il apprit promp-
tement à lire des caractères latins, résultat surprenant
dont il rend grâces à Dieu à peu près comme d'un
miracle.

Mais cette vie où commençait de s'épanouir l'âme de
Judas, cette intimité si précieuse à un cœur aimant,
ces occupations intellectuelles dont un prosaïque souci
d'affaire était banni, tout cela devait prendre fin, et le
jeune homme vit très tristement s'effectuer le rembour-
sement qui rompait ses liens d'un jour avec l'évêque de
Munster.

Le regret s'accentue d'autant plus en rentrant à
Cologne qu'il y est fort mal reçu ; son vieux précepteur
Baruch fait un rapport véhément sur la conduite qu'il
a tenue, sur sa familiarité avec les chrétiens dont il

semble partager plus d'à moitié les croyances. Ces propos causent un vif émoi dans la famille et dans la Synagogue; à ces symptômes inquiétants on ne trouve qu'un remède : marier ce jeune indépendant et le faire ainsi rentrer dans la vie commune. Judas résiste quelque temps aux instances de sa famille, il allègue son désir d'aller étudier en France, vainement; le Conseil des Juifs prononce cette sentence, le jeune homme se mariera sans tarder ou il sera chassé de la Synagogue.

Judas était encore bien loin d'une résolution définitive; terrifié à la pensée d'être rejeté loin de l'Église de ses pères, il se soumit.

La personne même de sa fiancée ne paraît avoir exercé aucune influence sur sa décision; « chez les Juifs, on ne faisait pas la cour à la façon des ménestrels (1) »; il est écrit d'Isaac : « Il amena Rébecca dans sa maison, il la prit pour femme et il l'aima »; c'est dans le même ordre que se déroulent les événements pour Judas.

A cette époque, la vie juive était encore gaie et joyeuse; d'ailleurs, même dans les juiveries contemporaines, le mariage est une fête de joie. Un des très modernes personnages de M. Zangwill le fait ressortir : « Notre service de mariage bénit le Roi de l'Univers qui a créé la joie et l'allégresse, l'époux et l'épouse, le bonheur et l'exultation, le plaisir et les délices, l'amour, la fraternité, la paix et l'union (2). Au moyen âge, les fêtes nuptiales duraient presque une semaine; elles étaient ouvertes à tous, si bien que des amis chrétiens de Judas se mêlèrent à la foule et prodiguèrent à celui en qui ils avaient cru voir déjà un néophyte, les plus pressants conseils, les admonestations les plus zélées.

Ces efforts demeurèrent momentanément infructueux, mais au bout de quelques mois, les luttes intérieures ayant repris, plus déchirantes que jamais, Judas se décida enfin à recourir aux prières de ceux qui sont agréables à Dieu. « Il y avait deux sœurs qui, dans la ville de Cologne, près du monastère du Bienheureux Maurice, menaient une vie solitaire et recluse; l'une

______

(1) A. BERLINER, op. cit., p. 41.
(2) ZANGWILL, Children of the Ghetto, p. 257.

était nommée Berthe, l'autre Gl'zmut, et la sainteté de leur existence répandait la suave odeur de leur renommée dans toute la cité ». Judas les alla trouver ; le tableau s'évoque gracieux et touchant, de l'étroit et bas logis moyenâgeux blotti au pied de l'église, s'y cachant comme une cellule d'emmurées, où le jeune Hébreu élégant, naguère si fier de sa science, vient implorer les humbles filles, leur ouvrir cette âme que les illustres docteurs n'ont pas pénétrée tout entière et solliciter un appui qui devait être si efficace. « Par les mérites et les prières de ces pieuses femmes, continue-t-il, une telle clarté fit soudain resplendir dans mon cœur la foi chrétienne, qu'elle dissipa aussitôt les ténèbres intérieures de l'ignorance et du doute. La pieuse prière de simples femmes m'amena à la foi du Christ, moi, que les dissertations des plus grands clercs avaient été impuissantes à convertir. » Le cœur du jeune homme, si longtemps resté sourd à tous les raisonnements de son esprit, s'est pleinement ouvert à la vérité catholique. Maintenant la frayeur de la vindicte judaïque ne prévaudra plus contre les attraits de la grâce ; celle-ci a triomphé en Judas que les dangers n'arrêtent plus.

Ces dangers n'étaient, certes, pas imaginaires ; les Juifs jouissaient dans les villes du Rhin d'une juridiction spéciale et autonome, la communauté juive y était en possession de tous les droits de justice sur ses coreligionnaires. Les Juifs de Cologne dressent des embûches à Judas ; ils préviennent contre lui les synagogues de Worms et de Mayence, cités où il doit se rendre et dans lesquelles habitent des membres de sa famille, « les prient de le saisir comme perfide et apostat et de lui infliger selon toute la rigueur légale les peines que ces crimes comportaient ». Il n'en allait de rien moins que de la lapidation. La protection divine fait échec à toutes ces menées et permet même au jeune converti d'enlever un petit frère consanguin de sept ans qu'il avait à Mayence ; il le confie à un monastère pour y être baptisé et élevé dans la foi catholique. Judas se retire lui-même dans un cloître ; il s'y prépare au baptême où il reçoit bientôt le nom d'Hermann ; il devient moine, bientôt prêtre, et pas un mot ne nous renseigne sur le sort de son épouse juive.

.

Quels furent les stades intimes de cette conversion ? A travers quelles étapes Judas, que tous ses coreligionnaires « espéraient devoir être — juif fidèle entre tous les Juifs -- le meilleur défenseur des traditions de leurs pères », devint-il le pieux Prémontré Hermann ? La sincérité qui éclate à toutes les pages de notre *Opuscule* nous permet de les reconstituer. Les Juifs rationalistes des modernes sociétés occidentales ne peuvent représenter en aucune façon l'état d'âme des Juifs du moyen âge ; pour arriver au même but, à l'Eglise, un Alphonse Ratisbonne, un Paul Lœwengard ont un point de départ bien différent de celui de Judas de Cologne; ils s'évadent d'un milieu tout chargé d'incrédulité et de matérialisme, et il semblerait à un spectateur ignorant des profondeurs ataviques que soit presque rompue la chaîne ancestrale qui les relie au Sinaï.

La société du xiie siècle était établie sur des bases exclusivement religieuses ; la foi et la vie intérieure y répandaient un si intense rayonnement que les Juifs eux-mêmes participaient à cette atmosphère. Hermann, au plus fort de son endurcissement judaïque, prie, jeûne, lutte pour arriver à la lumière ; son unique souci est le salut éternel ; et si, malgré les attraits qu'il ressent, il demeure si longtemps attaché à la Loi de Moïse, c'est qu'il garde toute la confiance que lui ont léguée les siècles dans le salut par la Loi.

D'autre part, les Juifs, nous l'avons vu, avaient au plus haut point le goût et la science de l'Ecriture ; toutes les controverses contre eux, toute l'apologétique à eux destinée, était à fondement scripturaire. Au xve siècle encore, le Juif Salomon, fils de Lévi, devenu Paul, évêque de Burgos, bien qu'il eût été converti lui-même par la lecture de la *Somme* de saint Thomas d'Aquin, ne pensait pas qu'on dût instruire les Juifs par une simple exposition de la doctrine chrétienne, comme s'il se fût agi d'autres infidèles, mais il conseillait de leur montrer avant toutes choses les prophéties accomplies dans le Christ (1).

Cependant les textes suffisent rarement pour amener le changement d'une âme. Pour la conversion de Judas de Cologne, toutes les ressources de la grâce semblent s'être mises en œuvre ; la force divine ne l'a pas terrassé tout d'un coup comme Paul sur le chemin de Damas ; il a eu longtemps des yeux pour ne point voir, et, selon l'expression qu'il affectionne, « les oreilles du cœur » ont tardé à s'ouvrir chez lui, malgré la parole de vie qui les sollicitait.

Lors d'une de ces conférences qu'il recherchait avec de savants docteurs, un des clercs qui l'aimaient s'exclama : « Tu sais bien, par le témoignage de l'Apôtre, que lorsque les Juifs lisent Moïse, un voile est posé sur leur cœur. » Judas recueillit cette parole et elle lui donna plus tard conscience de ce lourd obstacle appelé par toute la tradition de l'Eglise, *l'aveuglement judaïque.* Il désira et aima la vérité bien avant de la recevoir ; il la chercha comme à tâtons.

Entre elle et lui se dressait tout d'abord l'orgueil intellectuel mêlé avec l'orgueil d'appartenir à la race judaïque, à l'Israël comblé des faveurs et des promesses du Très-Haut. « Etant estimé par les miens comme savant dans la Loi, c'était une confusion pour moi d'être réduit au silence ou convaincu par les assertions des chrétiens... Je poussai donc, par mon désir de vaine gloire, comme un verrou qui m'interdisait l'accès de la vérité. »

Il se livrait à cette recherche des signes sensibles que Jésus reprochait aux scribes de son temps. Si le chanoine zélé pour sa conversion eût porté un fer rouge sans se brûler, il aurait immédiatement sollicité le baptême ; dès la naissance de ses premiers doutes, il implorait de Dieu un songe ou une vision qui pût l'éclairer.

Bientôt, le fait même de l'Eglise lui apparut comme un argument plus fort que tous les raisonnements et plus puissants encore sur son cœur furent les exemples

____

(1) Abbé J. MARTIN, *Apologétique traditionnelle,* t. II, p. 191.

d'admirable charité qu'il eut sous les yeux au palais épiscopal de Munster ; mais aucune action extérieure ne pouvait prévaloir contre l'effarante emprise de Satan sur les âmes sans baptême, et seule la prière des deux recluses Berthe et Glizmut parvint à désarmer l'enfer.

Hermann retrace dans son récit toutes les attaques diaboliques auxquelles il fut en butte : tentations de l'orgueil et des sens, doutes, frayeurs ; et ce repentir d'avoir eu recours au signe de la croix que l'esprit du mal lui inspira comme un blasphème raffiné. Il raconte aussi les tentations grossières dans lesquelles dégénéra la ruse de Satan lorsqu'il vit sa prise prête à lui échapper.

Puis, délivré de ces obsessions, affranchi des ténèbres qui l'enveloppaient, ayant conquis la vérité si ardemment souhaitée, il est venu au baptême dans l'humilité de son cœur changé, et son vaillant *Amen* à la lumière l'a établi dans la paix. « J'ai suivi le Christ-Roi », s'écrie-t-il avec allégresse et il n'exprime plus dans les dernières pages de son *Opuscule* que la joie et la confiance, état actuel de son âme (1).

---

(1) Le récit autobiographique d'Hermann fut retrouvé dans la bibliothèque Pauline de Leipsick, joint à des commentaires sur Isaïe qui ont probablement le Prémontré pour auteur. Carpsovins publia ce manuscrit en 1687 ; il est contenu dans le volume 170 de la *Patrologie latine* de Migne.

L'An du Seigneur 1134, Hermann de Cologne, autrefois appelé Judas, de juif devenu chrétien, fait le récit de sa conversion.

ÉPITRE DÉDICATOIRE

HERMANN QUI EST CE QU'IL EST PAR LA GRACE DE DIEU,
A MON CHER FILS HENRI,
SINCÈRE DILECTION DANS LE CHRIST.

Un grand nombre de personnes dévotes, hommes et femmes, ont coutume de s'enquérir des circonstances dans lesquelles je me suis converti du judaïsme à la grâce du Christ, s'informant si j'ai eu à soutenir quelques assauts de l'ennemi, lors des préludes de ma conversion. J'ai même, en ta présence, été forcé par la pieuse insistance de quelques-unes de ces femmes, d'en développer tout le récit.

Non, je n'ai pas été converti avec cette facilité que nous rencontrons souvent chez beaucoup d'infidèles, juifs ou païens, qui passent par un changement soudain à la foi catholique, de telle sorte que nous nous réjouissons aujourd'hui de voir devenus fidèles et nos cohéritiers dans la grâce du Christ ceux sur les erreurs de qui nous pleurions hier. Ma conversion ne s'est accomplie qu'en subissant à son début les plus violents orages des tentations, à travers de nombreuses embûches de l'antique ennemi qui la voulait faire échouer, après des hésitations prolongées et par de grands travaux. Le récit en est d'autant plus délectable pour des oreilles pieuses que sa réalisation à l'encontre de tant de difficultés a été merveilleuse. C'est pourquoi voulant répondre à la dévotion d'un grand nombre et surtout à la tienne, frère très cher, j'ai résolu d'écrire ce récit afin d'annoncer à tous les fidèles des temps présents et à venir la gloire et les louanges éternelles de Celui qui par sa grâce m'a appelé à son admirable lumière.

JUDAS DE COLOGNE

Ici commence au Nom du Seigneur l'Opuscule des Mémoires de sa conversion par le frère Hermann, jadis Juif.

CHAPITRE PREMIER

De la vision qu'il eut lorsqu'il était encore enfant.

Moi, pécheur et prêtre indigne, Hermann, autrefois appelé Judas, je naquis à Cologne de race israélite et de la tribu de Lévi; mon père s'appelait David et ma mère Sephora. Lorsque j'étais encore retenu dans les liens de l'infidélité judaïque, Dieu m'envoya par sa grâce une vision qui fut l'heureux présage de ce que cette grâce devait accomplir.

Dans la treizième année de mon âge, je vis en songe le prédécesseur du glorieux roi Lothaire, l'empereur romain Henri qui régnait alors. Un des plus puissants entre les princes de l'Empire venait d'être frappé d'une mort subite et toutes les richesses qu'il possédait faisaient retour à l'empereur. Il me sembla que le roi venait à moi et me présentait un cheval d'une étonnante grandeur et d'une blancheur de neige, puis un baudrier en or, tissé avec une grande richesse, auquel était suspendue une bourse de soie renfermant sept pièces de monnaie extrêmement pesantes. M'ayant donné ces choses, « Sache, » dit-il, « que mes ducs et mes princes sont irrités des dons que je t'ai déjà conférés; cependant j'en ajouterai de plus grands et je te donnerai tout l'héritage de ce prince qui vient de

mourir pour que tu le possèdes à jamais. » Alors, rendant les grâces dues à cette munificence royale, je
ceins le baudrier, je monte sur le cheval, et, me tenant
aux côtés du roi, je le suis jusqu'à son palais. Là je
prends place au festin parmi ses amis, tout près de lui
comme le plus cher d'entre eux, et je mange avec lui
dans le même plat, un mets composé d'une grande
variété d'herbes et de racines.

M'éveillant dans la joie de cette vision, je ne jugeai
pas, si enfant que je fusse, qu'elle fût vaine, bien que
ce qu'elle représentait fût si insolite, mais je crus qu'elle
m'apportait le présage de quelque chose de grand.
J'allai donc trouver un de mes parents, nommé Isaac,
homme de grande autorité parmi les Juifs, et lui ayant
raconté mon songe de point en point, je le priai de me
l'interpréter comme il savait le faire. Cet homme, sage
seulement dans les choses de la chair, déclara qu'une
félicité selon la chair m'était réservée, disant que le
cheval grand et blanc signifiait qu'une noble et belle
épouse m'était destinée; les pièces de monnaie renfer-
mées dans la bourse, que je posséderais de nombreuses
richesses; le festin partagé avec l'empereur, que je
parviendrais à la situation la plus honorable parmi les
Juifs. Mais longtemps après ce jour, la grâce divine
répandit en moi ses bienfaits spirituels indiquant ainsi
la véritable interprétation de cette vision et la confir-
mant par sa réalisation.

CHAPITRE II

**Quelle fut la première occasion dans laquelle il
eut des rapports avec les chrétiens et combien
cette rencontre lui fut profitable.**

Sept ans plus tard, j'allai à Mayence pour y traiter
des affaires de commerce; tous les Juifs ont coutume
de se livrer à ces sortes d'opérations. Le glorieux roi
Lothaire se trouvait alors en cette ville ayant avec lui

son vénérable conseiller Ekbert, évêque de Munster; il
retint celui-ci près de lui et lui demanda de prolonger
son séjour pour s'occuper des affaires de l'Etat. La
bourse de l'évêque étant épuisée, il fut obligé de s'adres-
ser à moi pour m'emprunter l'argent qui lui était néces-
saire; je ne lui demandai pas de gage, comme l'eût
exigé la coutume des Juifs, estimant la bonne foi d'un
tel homme plus précieuse que tout dépôt.

Lorsqu'ils apprirent ce que j'avais fait, mes parents
et mes amis m'adressèrent de durs reproches, m'accu-
sant d'une impardonnable négligence pour avoir eu la
présomption de prêter de l'argent sans gage à qui que ce
fût et surtout à un homme fréquemment distrait par de
nombreuses occupations, tandis que je devais, d'après la
coutume bien connue des Juifs, exiger un gage dont
la valeur fût le double de la somme prêtée. Ils décidèrent
que je devais retourner vers l'évêque et rester constam-
ment près de lui jusqu'à ce que j'aie reçu le paiement
complet de la dette. Toutefois, craignant — ce qui arriva
— que demeurant avec les chrétiens leur influence me
détournât de la tradition de mes pères, ils offrirent
de l'argent à un vieux Juif, nommé Baruch, et me remi-
rent à sa garde comme à un précepteur diligent.

Acquiesçant aux conseils de mes parents et de mes
amis, je gagnai la ville épiscopale de Munster et,
allant trouver l'évêque, je lui rappelai sa dette, lui
disant que, tant que je n'en aurais pas récupéré le
montant, je n'oserais pas revoir mes parents. N'ayant
pas pour le moment de quoi me rembourser, il me
garda près de lui pendant près de vingt semaines.

Au cours de ce temps, souvent, comme il en avait
la coutume, ce bon Pasteur distribuait à ses brebis la
nourriture de la parole divine, et moi poussé par la
curiosité habituelle de la jeunesse, je me mêlais à ses
ouailles avec une téméraire présomption, moi qui mé-
ritais d'être compté, à cause de la puanteur de mes
erreurs, au nombre des boucs plutôt que des brebis.

Là j'écoutais, ignorant que j'étais, cet homme docte
dans les choses du royaume des cieux présenter les
richesses anciennes et nouvelles contenues dans son
trésor, en appeler de l'Ancien Testament au Nouveau,

confirmer le Nouveau par les raisons tirées de l'Ancien.

Il enseignait que certains des préceptes légaux, comme : Tu ne tueras point ; tu ne voleras point ; tu ne diras pas de faux témoignages ; honore ton père et ta mère (*Exod.*, xx), devaient être pris au pied de la lettre, tandis que d'autres : Tu n'attelleras pas ensemble le bœuf et l'âne (*Deut.*, xxii) et Tu ne cuiras pas le chevreau dans le lait de sa mère (*Exod.*, xxiii), édictant des choses vaines quant à la lettre, il leur attribuait une signification admirable en les considérant comme allégoriques ; il expliquait que les Juifs, comme des bêtes de somme dépourvues d'intelligence, se contentaient de la lettre seule semblable à la paille du blé, tandis que les chrétiens, comme des hommes usant de la raison et de l'intelligence spirituelles, se rassasiaient de la farine la plus exquise de ce blé.

J'écoutais surtout avec une avidité et un plaisir tout spéciaux cet évêque instruisant son peuple quand il rappelait les récits de l'Ancienne alliance que j'avais souvent entendu lire en hébreu et qui étaient si présents à ma mémoire. Mais, sachant que la loi répute pour immondes les animaux non ruminants (*Lévit.*, xi), j'emportais pour le ruminer dans les entrailles de ma mémoire tout ce qui me plaisait le plus dans ce que j'entendais.

Les chrétiens s'aperçurent avec un grand étonnement de l'attention que je prêtais aux choses dites devant moi ; ils me demandèrent si la parole de l'évêque me plaisait et je répondis que certaines parties m'agréaient davantage, d'autres moins. Me félicitant de ma curiosité en même temps qu'avec une pieuse compassion ils déploraient mon erreur, ils m'exhortèrent à me joindre à l'unité catholique, m'affirmant que Jésus est souverainement miséricordieux et ne repousse aucun de ceux qui viennent à Lui, comme Il l'atteste Lui-même dans son Evangile, disant : « Je ne rejetterai pas celui qui vient à moi. » (Joan., vi.)

Pour me persuader de cette générosité de la grâce, ils me proposaient l'exemple de l'apôtre Paul, en l'honneur duquel était dédiée la seconde basilique de la ville, me racontant qu'il avait été d'abord Pharisien et tellement zélé pour la Loi qu'il servait l'autorité des princes des prêtres pour persécuter les fidèles du Christ avec une insatiable rage.

Mais au milieu de ses crimes, il fut précipité contre terre par l'aiguillon de la lumière divine et reçut d'En Haut l'interdiction de persécuter le Christ ; il fut merveilleusement changé, par la miséricorde de Dieu, de loup en brebis, de persécuteur en prédicateur. (*Act.*, ix.)

Par de tels discours, et aussi, comme je l'eusse dit plus tard, par leurs prières, les chrétiens adoucirent ma résistance et m'incitèrent à rejeter bien des préjugés. Peu à peu et grâce à ces fréquentes conversations je devins plus zélé pour étudier les mystères de l'Eglise et j'entrais, avec plus de curiosité toutefois que de dévotion, dans cette basilique qui m'eût jadis fait horreur. Y examinant avec soin toutes choses, j'aperçus parmi les habiles sculptures et les peintures variées qui la décoraient des objets qui me parurent de monstrueuses idoles. Je vis un homme, toujours le même, tantôt humilié et tantôt exalté, méprisé et élevé, dans l'ignominie et dans la gloire ; suspendu à une croix, puis représenté par une peinture menteuse comme le plus beau des hommes et comme déifié. Je l'avoue, je fus saisi d'étonnement, jugeant que ces images étaient des idoles comme la gentilité avait coutume d'en consacrer à ses diverses erreurs. La doctrine pharisienne ne me permettait pas de douter qu'il en fût véritablement ainsi.

Mon précepteur dont j'ai déjà parlé, qui épiait habilement toutes mes démarches, s'aperçut combien je fréquentais la société des chrétiens et les parvis de leurs temples ; il me rappela sévèrement que j'étais confié à sa garde, m'affirmant qu'il rendrait compte à mes parents de mes actions inconsidérées et de mes curiosités défendues. Mais je demeurai totalement sourd à ses menaces et à ses reproches et je cédai d'autant plus librement à mon attrait de connaître que, vivant dans la maison de l'évêque, je n'avais aucune affaire à traiter.

J'entrais souvent dans l'école des clercs, et je reçus d'eux des livres ; étudiant en détail les éléments qui les composaient et m'informant des paroles qui y étaient tracées, je me mis, à la grande stupéfaction de tous, personne ne me l'ayant enseigné, à assembler les lettres en syllabes et les syllabes en mots, si bien que j'eus rapidement acquis la science de lire les Écritures. Que ce résultat ne paraisse incroyable à personne, car il ne faut pas l'attribuer à moi, mais à Dieu, or rien ne Lui est impossible.

CHAPITRE III

De la dispute qui eut lieu avec Rupert, abbé de Tuy.

Il y avait à cette époque, au monastère de Tuy, un abbé nommé Rupert (1), homme d'un esprit subtil, d'une parole éloquente, et extrêmement versé dans les lettres tant divines qu'humaines. Aussitôt que je le vis, je le provoquai à la discussion. Lui était, suivant la parole de l'Apôtre, prêt à rendre compte à tous ceux qui l'interrogeaient de la foi et de l'espérance qu'il avait dans le Christ; il accepta donc l'occasion offerte et promit de me satisfaire, avec l'aide de Dieu, sur tous les points que je soulèverais, tant par la raison que par l'autorité des Écritures.

Je commençai donc à lui parler ainsi : Vous, chrétiens, faites grandement injure aux Juifs en les méprisant, les ayant en horreur et en abomination comme des chiens morts, eux que Dieu a choisis entre toutes les nations de l'ancien monde, dont Il a fait son peuple, qu'Il a seuls rendus dignes de connaître son

(1) Rupert, abbé de Tuy de 1120 à 1135, un des plus illustres docteurs du xiiᵉ siècle, est l'auteur d'importants travaux sur l'Ancien Testament; il composa en particulier : *Dialogue entre un Juif et un Chrétien.* M. l'abbé J. Martin (*L'Apologétique traditionnelle*, II, p. 25) suppose que Rupert reproduit dans ce livre les entretiens qu'il eut avec Judas.

saint Nom, auxquels Il a donné la loi parfaite de sa justice afin qu'ils y conforment leur vie, et qu'ils deviennent saints comme Lui-même est saint, loi qu'Il daigna non seulement leur révéler par la parole, mais écrire de sa propre main sur des tables de pierre. C'est pour eux seuls, dis-je, qu'Il a fait ces choses. Les paroles de l'Ecriture qui reviennent chaque jour sur vos lèvres l'attestent : Il a annoncé sa parole à Jacob, sa justice et ses jugements à Israël (Ps. CXLVII). Vous cependant, vous nous haïssez plus que les mortels les plus aveugles aux choses divines, nous que vous reconnaissez par les paroles que vous lisez être plus chers à Dieu et plus honorés par Lui que tous les autres hommes.

Cependant nous supportons avec patience les opprobres et la dérision des hommes, persévérant fidèlement dans l'obéissance à la loi de Dieu et la pratique des cérémonies prescrites. « Il vaut mieux tomber entre la main des hommes que d'abandonner la loi du Seigneur notre Dieu » (Dan., XIII) car, que doit-on redouter davantage : subir le châtiment divin en étant méprisés des hommes, ou être maudits de Dieu ? Et il est écrit dans la loi divine : « Maudit soit celui qui ne persévérera pas dans tout ce qui est prescrit en ce livre. » (*Deut.*, XXVII). Assurément ces paroles défendent par une autorité suprême notre justice issue de la loi contre toutes vos injures, tandis qu'est confondue votre superbe qui se plaît à taxer de vaine cette observance de la loi à laquelle nous nous tenons simplement telle que nous l'avons reçue de nos pères, et vous, vous y dérogez avec impiété. C'est sans distinctions ni exceptions qu'il est dit : maudit soit celui qui ne persévérera pas dans tout ce qui est prescrit en ce livre.

Vous ne vous piquez pas d'accomplir la loi mais de la juger, ce qui est ridicule ; vous la corrigez selon votre bon plaisir, en recevant quelques parties tandis que vous en rejetez d'autres comme superstitieuses et n'en acceptez telles autres que dans un sens mystique, leur signification littérale en faisant selon vous des contes bons pour les vieilles femmes et pour les insensés.

C'est pour des hommes une folle démence et une

témérité digne de dérision que de vouloir corriger ce que Dieu a institué et qu'il a prescrit aux hommes d'observer sous peine de terribles malédictions.

Il suffira d'apporter ici un exemple entre tant d'autres : pourquoi vous affranchissez-vous de la loi à ce point que vous tombiez en dépit d'elle et par une impiété manifeste dans l'idolâtrie ? J'ai vu de mes propres yeux dans vos temples de grandes images, dues à l'art du peintre ou à celui du sculpteur, proposées à vos adorations à ce point que la ressemblance d'un homme crucifié est, pour votre perdition, entourée de votre culte. S'il est écrit dans la loi : « Maudit soit celui qui est suspendu au bois » (*Deut.*, xxi), combien plus encore serez-vous maudits, vous qui adorez celui qui est suspendu au bois ? De même, et, comme il est dit dans un autre endroit des Ecritures : « Maudit soit celui qui se confie en l'homme et s'appuie sur la chair » (Jer., xvi), quelle malédiction plus pesante ne tombera pas sur vous qui mettez votre espérance en un crucifié. Non seulement vous ne dissimulez pas cette folie de votre impiété, mais vous vous en glorifiez, ce qui rend le crime plus grand encore ; comme Sodome vous publiez votre péché.

Choisis donc : allègue-moi, si par hasard tu en connais, quelque autorité en faveur de cette abomination de votre culte, ou, si tu ne le peux — et il est évident que tu ne le peux pas — confesse en rougissant que cette erreur est damnable et contraire à la Loi Sainte.

CHAPITRE IV

Réponse.

Rupert répondit à cela : Dans tous ces arguments que tu m'as opposés tout à loisir il n'est rien qui m'intimide. En effet, vos livres eux-mêmes surabondent d'autorités capables de défendre et de confirmer la vérité de notre religion ; abrités par ces textes comme par un bouclier, nous pouvons parer tous les traits de vos objections et les réfuter.

Si tu veux bien m'écouter patiemment et me prêter attention, je te démontrerai de façon évidente que ce que tu appelles notre idolâtrie est rempli de piété et qu'on remarque dans ces coutumes que tu attaques tout le lustre de la vérité.

Nous avons en horreur et en exécration ce crime d'idolâtrie que tu t'efforces de nous imputer, nous nous attachons étroitement au culte du Dieu un et véritable. Non, nous ne rendons pas les honneurs divins, comme la calomnie cherche à l'insinuer, au crucifix ou à quelque image que ce soit, mais nous représentons avec une pieuse dévotion par la forme de la croix la Passion du Christ que nous adorons, Passion par laquelle, afin de nous arracher à la malédiction de la loi, Il fut fait pour nous maudit sur la croix.

Chaque fois que nous sommes frappés extérieurement par l'image de la croix, nous sommes intérieurement portés à l'amour de Celui qui, pur de tout péché, a souffert pour nous une mort si ignominieuse, et nous pouvons juger, enveloppés que nous sommes dans de si grands et multiples péchés, quel perpétuel amour nous lui devons. Telle est la raison générale de toutes les images que tu vois parmi nous.

Nous multiplions surtout les images très simples et faciles à comprendre afin que la vue de la croix démontre le prix de la Rédemption à ceux qui ne peuvent connaître par les livres la passion de leur Rédempteur. Ainsi les images sont pour le peuple illettré comme un résumé des Écritures. Mais cette coutume de notre religion n'est pas appuyée sur la seule raison humaine, elle s'autorise aussi de l'Ancien Testament où nous trouvons quelque chose de semblable.

Lorsque les enfants d'Israël pénétrèrent dans la terre de promission, les fils de Ruben, ceux de Gad et la demi-tribu de Manassé se rendirent vers les collines du Jourdain aux terres que le sort leur avait assignées ; ils y construisirent un autel d'une grandeur remarquable.

Or le Seigneur avait ordonné dans la Loi que les enfants d'Israël eussent en un seul lieu un autel commun pour y offrir les sacrifices, lieu qu'il désignerait Lui-même comme celui où devait être invoquée la souveraine Majesté. Silo fut ce lieu insigne. (*Deut.*, XII; *Jud.*, XX.)

Lorsqu'Israël connut ce qu'avaient fait les Gaddites et les Rubénites, il s'irrita contre ces prévaricateurs de la Loi et prit les armes pour châtier leur audace. Il décida cependant de ne pas répandre le sang de ses frères avant que des légats envoyés près de chacune des tribus coupables se fussent informés des motifs d'une telle témérité. Ces envoyés reprochèrent aux délinquants d'avoir agi contre la Loi et d'avoir osé élever cet autel, objet de scandale à tout Israël; ils reçurent cette réponse :

Le Dieu tout-puissant, le Seigneur, sait si nous avons construit cet autel en esprit de révolte! Qu'alors Il nous abandonne et nous punisse sur-le-champ. Si nous l'avons élevé pour y offrir des holocaustes, des sacrifices, et des victimes pacifiques, qu'Il le voie, mais qu'Il juge si ce n'est pas plutôt dans l'esprit que nous affirmons.

Demain vos fils diront aux nôtres : Qu'y a-t-il de commun entre vous et le Dieu d'Israël? Le Seigneur a placé le Jourdain comme une barrière entre nous, ô fils de Ruben et fils de Gad, et par conséquent vous n'avez pas part dans le Seigneur. Ainsi vos fils détourneront les nôtres de la crainte du Seigneur. Nous avons pensé qu'il serait bon d'élever un autel, non pour y offrir des victimes, mais comme un témoignage du lien qui existe entre vous et nous, entre notre race et la vôtre, afin de nous attacher au service de Dieu. (*Jos.*, XXII.)

Ils avaient donc construit un autel non pour y immoler des victimes et des holocaustes, mais pour témoigner qu'eux et leur postérité faisaient partie du peuple de Dieu. Ainsi nous avons, par une raison semblable, grande vénération pour la croix du Christ à cause de Celui qui y est suspendu; cependant nous ne lui rendons pas le culte divin, mais la croix est pour nous un témoignage, comme l'autel pour les fils de Ruben et de Gad. Chaque fois que nous contemplons le prix de notre

Rédemption qu'elle a porté, nous nous réjouissons d'appartenir par Lui à la société des saints et à l'héritage de la Jérusalem céleste.

Ainsi Rupert répondait à toutes mes objections tant par d'admirables raisonnements que par les textes les plus probants des Ecritures et il les dissipait par les lumineux rayons de ses réponses comme le soleil dissipe l'obscurité de la nuit. Mais moi, malheureux, semblable à l'aspic dont l'oreille est sourde aux plus suaves incantations, je ne recevais pas ses paroles dans les oreilles du cœur, et les yeux de mon esprit, obscurcis par l'aveuglement judaïque, ne pouvaient contempler la lumière de la vérité.

Il serait trop long de retracer toute la suite de nos discussions, ce fragment suffit pour en donner l'idée.

CHAPITRE V

Comment la charité et la foi d'un homme l'attirèrent vers la foi du Christ.

Il me revient en ce moment la mémoire d'un fait que je crois devoir noter ici, tant parce que sa suavité eut une grande action sur ma conversion que parce qu'il peut donner à ceux qui me liront un exemple précieux d'une charité et d'une foi sincères.

Le pontife Ekbert, dont j'ai souvent parlé, avait comme intendant de sa maison un homme nommé Richmar qui, cela me fut bien prouvé, était profondément religieux dans toute sa conduite. Un jour, l'évêque lui envoya pendant le repas, par un écuyer, comme un maître a coutume de faire, la moitié d'un brochet rôti qui lui avait été servi. Richmar, homme rempli de piété, déposa avec un charitable empressement ce qui lui était destiné devant moi qui étais assis à son côté et, pour lui, il se contenta de pain et d'eau

selon sa religieuse coutume. Je ne fus pas seulement
reconnaissant de cette action, mais j'admirai fort
qu'un homme, que je jugeais être sans loi et sans Dieu,
pût avoir une telle charité, surtout vis-à-vis de moi,
ennemi de sa secte, qu'il devait détester plutôt qu'aimer.
Juste censure, certes, de l'ancienne Loi qui dit : « Aime
ton ami et hais ton ennemi » (Mat., v; *Leo.*, xviii),
mais Richmar se montrait fidèle disciple de la véritable
Loi évangélique qui dit : « Aimez vos ennemis », et il
savait que le bien doit être fait à tous les hommes et
pas seulement aux adeptes de sa foi (*Gal.*, vi). Depuis
lors il déploya envers moi, qui en étais si peu digne, les
tendres avances de son affection, s'efforçant par ses
aimables discours de me détourner de l'erreur de mes
pères et de me gagner au Christ. S'apercevant que les
ingéniosités de sa bonté ne parvenaient pas à émouvoir
mon cœur dur comme le diamant et pensant que j'étais
comme ces Juifs dont l'apôtre parle quelque part qui
réclament des signes (Mat., xvi), il me proposa l'épreuve
suivante : si, pour attester sa foi, il portait dans sa
main nue (selon qu'on a coutume en tels jugements)
une barre de fer incandescente et n'en ressentait
aucune brûlure, alors, purifiant mon cœur de la noir-
ceur de mon infidélité, je recevrais le remède du saint
baptême. Mais si sa main portait quelque trace de
brûlure, je demeurerais libre de choisir ce qui me plai-
rait et il ne chercherait plus à me persuader. Cette
proposition généreuse fut reçue par moi avec reconnaissance et déjà il se réjouissait, se voyant assuré de ma
conversion; il se hâta de demander à l'évêque que,
pour qu'il fût procédé à ce spectacle de foi, il voulût
bien exorciser le fer. Le temps où je devais recevoir la
miséricorde n'était pas encore venu et, contre l'espérance de Richmar, sa pieuse requête n'obtint aucun
résultat. En effet, l'évêque, tout en louant et admirant
la vaillance de sa foi, jugea dans sa sagesse que cette
demande était plus inconsidérée que pieuse et lui
répondit doucement qu'il déployait certainement dans
cette affaire le zèle de Dieu, mais non pas un zèle selon
la science (*Rom.*, x). Il ne faut pas tenter Dieu par des
épreuves de cette sorte, il vaut mieux le prier afin que

Celui « qui veut que tous les hommes soient sauvés et parviennent à la connaissance de la vérité » (I *Tim.*, ii) daigne, quand et comme Il le voudra, délier dans sa souveraine miséricorde les liens de l'infidélité et, d'un maître dans l'erreur, faire un disciple de la vérité. D'ailleurs, ajouta-t-il, il n'y a pas lieu de demander à Dieu d'accorder sa grâce par le moyen d'un signe ou par quelque événement miraculeux quand il est si facile à sa toute-puissance, sans aucun miracle et par une secrète visite de sa grâce, de convertir qui Il veut. Vain est le signe qui se manifeste extérieurement et se rend visible si Dieu Lui-même n'opère pas invisiblement par sa grâce dans le cœur de l'homme. Beaucoup ont été convertis sans le moindre signe, tandis que ceux qui ont vu des miracles et sont demeurés infidèles sont innombrables. Sachons d'ailleurs que la foi donnée par les miracles n'a aucun mérite ou en a fort peu, tandis que celle qui est reçue avec une piété simple et une pieuse simplicité, sans aucune incitation miraculeuse, est du plus haut mérite devant Dieu et digne de grandes louanges.

Ceci est attesté par l'Auteur de la foi, Notre-Seigneur Lui-même qui dans son Evangile reproche à l'officier de Capharnaüm son incrédulité « Si vous ne voyez des signes et des prodiges, vous ne croyez pas » (Joan., iv); tandis qu'Il exalte et loue la foi du centurion qui a cru avant de voir le signe, méritant ainsi de le recevoir. Il n'a pas, dit-Il, trouvé une telle foi dans Israël (Luc, vii). Ce qu'Il rappelle lors de l'incrédulité montrée : après sa résurrection par Thomas qui ne pouvait croire sans avoir touché les cicatrices de ses plaies : « Tu crois parce que tu m'as vu » (Joan., xx); et ajoutant : « Bienheureux ceux qui n'ont pas vu, » etc. Il encourage à l'avance la foi de ceux qui croient en Lui par la seule force de la prédication entendue.

Ainsi cet illustre docteur nous fit abandonner ce pacte à l'issue duquel nous étions tous deux suspendus avec une égale avidité, non en le défendant par son autorité épiscopale, mais en rendant évident son peu de raison.

CHAPITRE VI

Comment ayant accompagné l'évêque Ekbert au cloître de Cappenberg, il fut touché par la vie des moines dont il fut témoin.

Comme j'étais encore retenu près de ce vénérable évêque dans l'attente de la somme que je devais recouvrer, et comme je me rendais souvent avec lui en divers lieux de son diocèse qu'il visitait, il advint que je l'accompagnai un jour au couvent de Cappenberg. En ce site, dans les montagnes, était autrefois un château fort célèbre dans toute la Westphalie. Deux frères, les comtes Godefroy et Otto, en étaient les seigneurs magnifiques et d'une grandeur d'âme toute royale ; lorsque leur jeunesse était dans toute sa fleur, tandis qu'ils surabondaient de richesses et des pompes du siècle, ils ressentirent le feu de l'amour divin, et, dans l'allégresse de leur dévotion, ils abandonnèrent pour le Christ tout ce qu'ils possédaient déjà, tout ce à quoi ils pouvaient prétendre des délices de ce monde. Offrant à Dieu, dans la simplicité et la joie de leurs cœurs, ce château avec leur immense patrimoine, ils le transformèrent en un monastère pour les clercs réguliers de Saint-Augustin. Puis sachant que pour être parfait il ne faut pas seulement renoncer à ses biens mais à soi-même (Matth., XIV, 19), fervents ambitieux de la perfection évangélique, ils se renoncèrent comme ils avaient abandonné tout ce qu'ils possédaient, embrassèrent la vie parfaite, et prirent suavement le joug, s'efforçant de dépasser tous les frères par la profondeur de leur humilité comme ils les avaient dépassés autrefois par la dignité de leur condition.

Arrivant en ce lieu, comme je commençais à le dire, au milieu de cette assemblée de fidèles du Christ provenant de diverses nations et de toutes les conditions

humaines, je vis s'accomplir spirituellement cette prophétie messianique d'Isaïe que dans mon erreur je
m'imaginais devoir être matériellement réalisée lors de
la venue du Christ : « La génisse, le lion et la brebis
iront ensemble dans les pâturages et un petit enfant les
gardera » (Is., xi), prophétie par laquelle les Juifs
défendent leur endurcissement disant qu'ils ne peuvent
croire venu celui dont elle prédit l'avènement puisqu'ils
n'en ont pas vu l'accomplissement matériel. Mais lorsque les sages et les ignorants, les forts et les infirmes,
les nobles et les humbles furent également nourris de
la parole de Dieu, est-ce que la génisse, le lion et la
brebis n'ont pas été menés dans les mêmes pâturages ?
Et très réellement un petit enfant les conduisait, leur
Père spirituel aussi innocent qu'un enfant, gouvernant
à la place du Christ.

Voyant la vie religieuse de ces moines, leur tête
déshonorée, me semblait-il, par la tonsure, leur existence
basse et commune, la macération de la chair, la perpétuité des oraisons et des veilles, malheureux et
misérable que j'étais, je les jugeai d'autant plus à
plaindre qu'ils me semblaient se livrer à ces travaux sans
en pouvoir attendre aucun fruit et dans une vaine espérance. J'aurais vu un homme courant avec rapidité dans
un chemin sans issue, j'en aurais eu d'autant plus pitié
que je l'aurais vu plus éloigné de la bonne route, aussi
voyant ceux-ci qui couraient à travers les exercices et
les travaux, mais éloignés à mon avis de la voie royale
des observances légales, je les plaignais comme les
plus malheureux des hommes, plus encore que je ne les
blâmais, car ils travaillaient rudement pendant cette
vie et ne pourraient dans l'autre trouver près du Juge
divin nulle consolation à leurs maux ; très certainement
ils seraient rejetés de lui comme incrédules et infidèles
et recevraient une sentence de damnation.

Et alors, ayant une profonde compassion pour eux,
moi bien plus misérable, je commençai avec de profonds
soupirs à me poser en moi-même bien des questions à
propos d'eux, à argumenter en quelque sorte contre
Dieu.

Combien insondable est donc, Seigneur, l'abîme de

tes jugements ? Tu repousses de tes préceptes ces serviteurs qui te cherchent de tout leur cœur, tu caches à à ces errants la voie de ta vérité par laquelle ils pourraient être sauvés, cependant ils ont méprisé toutes les joies de ce monde pour ne suivre que toi, ils ont choisi de t'aimer uniquement, ils ont jeté en toi avec confiance toute leur sollicitude, ils supportent incessamment pour ton amour le martyre d'une vie si pénible et pire que la mort. Il ne te convient pas à toi qui juge toute la terre dans la justice, dont « toutes les voies sont miséricorde et vérité » (Ps. xxiv), il ne te convient pas, dis-je, de rejeter ceux qui te servent, d'avoir en abomination ceux qui t'aiment, de te cacher à ceux qui te cherchent et qui veulent te connaître. N'est-ce donc pas ta voix qui a dit : « J'aime ceux qui m'aiment » (Prov., viii), et tant d'autres semblables paroles ? De cette voix pleine de miséricorde tu as promis par la bouche du prophète : « Je ne veux pas la mort du pécheur, mais plutôt qu'il se convertisse et qu'il vive » (Ezech., xxiii). Tu te montres désireux de la vie des pécheurs, tu les invites à la conversion afin qu'ils puissent vivre ; il est donc digne de toi, dont les miséricordes sont innombrables, il appartient à ta bonté de te tourner avec compassion vers ces frères qui se sont déjà tournés vers toi par la pénitence, comme tu as daigné ailleurs l'annoncer par un prophète : « Convertissez-vous à moi et je me convertirai à vous. » (Zach., i). Tu as reçu jadis la pénitence de trois jours des Ninivites répondant à la voix qui les y invitait et tu les as épargnés en détournant d'eux ton glaive (Jon., iii), montrant par un tel exemple que ton cœur paternel désire la pénitence et le salut des pécheurs. Car, Seigneur, tu es doux, suave, et abondant en miséricorde envers tous ceux qui t'invoquent (Ps. lxxxv). Si tu l'es envers tous, sois-le plus encore envers tes serviteurs qui ne se contentent pas d'une pénitence de trois jours comme les Ninivites, mais la continuent sans relâche, ne renonçant pas seulement pour l'amour de toi au monde et aux choses qui sont dans le monde, mais à eux-mêmes en toute humilité et abjection.

Tandis que j'agitais en gémissant ces pensées en moi-même et que je combattais ainsi pour ces moines contre le jugement divin, si je puis ainsi parler, un doute violent s'éleva en moi au sujet des interprétations si diverses et si contraires que faisaient de la loi les Juifs et les chrétiens.

Je voyais qu'il convient parfaitement à Dieu dont la nature est toute bonté, la justice toute miséricorde, de faire connaître la voie de la vérité à ses serviteurs qui, selon la parole du psaume, se livrent tout le jour pour Lui à la mortification (Ps. XLIII) et je commençai à me troubler intérieurement en pensant que peut-être les Juifs se trompaient tandis que les chrétiens couraient dans la voie des commandements. Si Dieu se complaisait encore, pensais-je, dans l'observance des préceptes légaux, Il ne priverait pas les Juifs de son secours à ce point que, dépouillés de tous leurs biens et de leur patrie même, ils fussent dispersés parmi toutes les nations de la terre. Si au contraire, la religion chrétienne lui était en exécration, Il ne la laisserait pas se répandre et se fortifier dans le monde entier.

Ce doute ayant ainsi pris possession de moi, je ne savais où me tourner, quel parti prendre et j'ignorais quelle serait l'issue de tout cela. Etant ainsi en suspens et ayant à soutenir dans mon cœur de grands combats entre les pensées les plus opposées, je me rappelai ce que j'avais entendu raconter par des chrétiens, tant clercs que laïques, de la conversion du bienhenreux Paul et comment, par une merveilleuse bonté de Dieu, il fut appelé à la foi catholique, constitué prédicateur et défenseur de cette Eglise qu'il avait auparavant persécutée avec une tyrannique cruauté (*Act.*, IX.). Bientôt, me tournant vers Dieu de toute mon âme, je le suppliai avec larmes, s'Il était vraiment l'auteur de la religion chrétienne, de me le révéler soit par une inspiration intérieure, soit par un songe, soit, ce que je jugerais de beaucoup le plus efficace, par quelque signe visible, demandant que Celui qui avait amené l'apôtre Paul au bercail de son Eglise, bien qu'il regimbât contre l'aiguillon, m'y conduisît aussi moi qui me soumettais humblement à ses désirs.

Dieu écoute toujours fidèlement les prières raisonnables, aussi, s'Il ajourna longtemps la réalisation

de mon désir, Il ne le repoussa pas; Il daigna non
seulement l'accomplir mais le combler par les dons les
plus abondants de sa grâce, comme la suite des événements le prouva.

CHAPITRE VII

Comment il fut accusé, lorsqu'il retourna chez ses parents, par le Juif commis à sa garde.

Peu après, les fêtes pascales approchant et la dette
m'ayant été payée par l'évêque, je retournai à Cologne,
où je demeurais, avec le Juif qui m'avait été donné pour
compagnon. Comme il m'en avait menacé, il ébranla
l'affection de mes parents et de mes amis par ses accusations, affirmant que je m'étais attaché aux chrétiens
avec une tendresse et une familiarité défendues, si bien
qu'on pouvait me considérer comme n'étant plus juif
mais chrétien et ne conservant de la religion de mes
pères qu'une apparence hypocrite et simulée. Le Seigneur Dieu des vengeances (Ps. xLIII) lui envoya le
juste châtiment de sa méchante accusation et l'accabla
doublement selon la prophétie (Jer. xvII), car, saisi
aussitôt par les douleurs d'une fièvre violente, il mourut
quinze jours après et passa malheureusement des souf-
frances du temps à la géhenne éternelle. Ainsi le juste
Juge montra en même temps sa miséricorde et son
équité : équité en infligeant à cet homme les peines
qu'il avaient méritées, miséricorde en me délivrant de
ses accusations et de ses embûches.

CHAPITRE VIII

Comment il jeûna pendant trois jours pour être éclairé.

Lorsque je connus le châtiment de mon accusateur, je
fus plus confiant encore en la bonté divine et je recom-

mençai à implorer le Seigneur par de fréquentes prières, lui demandant de me révéler la voie de la vérité, comme jadis au pieux Daniel (Dan., vii), par une vision nocturne et dans le secret des songes. A l'exemple du même Daniel (Dan., ix), je fis vœu de jeûner pendant trois jours pour obtenir la réalisation de mon ardent désir. Sachant que les Juifs et les chrétiens ne suivent pas les mêmes règles dans le jeûne — les chrétiens prenant les jours de jeûne leur repas à la neuvième heure et s'y abstenant de manger de la chair, les Juifs prolongeant le jeûne jusqu'au soir et faisant alors usage de tous les aliments permis — et ignorant ce qui plaisait davantage à Dieu, je décidai de suivre les deux méthodes. Ainsi, je m'abstins de chair selon la coutume des chrétiens, et, comme les Juifs, je jeûnai jusqu'au soir, prenant seulement un peu de pain et d'eau. Puis, mon désir ardent me conduisit à me livrer au sommeil plus tôt que de coutume, car j'espérais que la consolation divine viendrait à moi en la manière que j'avais sollicitée. Mais ce fut en vain, et cette nuit s'écoula dans un stérile examen de mes péchés. La douleur que j'en ressentis, l'impatience que j'éprouvais, l'accroissement que mes désirs recevaient du retard même qu'ils rencontraient me portèrent à regarder mon jeûne de la veille comme indigne de la faveur que j'implorais et je décidai de ne prendre ce jour-là aucune nourriture. Allant au lit de bonne heure comme la veille, je demandai avec une indicible ardeur le secours de la divine visite. Cette fois encore la nuit passa sans rien m'apporter et quand elle se retira avec ses ténèbres elle me laissa enveloppé dans l'horrible obscurité de mon infidélité. Mais je ne perdis pas confiance en la consolation de Dieu et je recommençai à répandre devant lui mes prières et mes larmes afin qu'Il daignât combler mes vœux et mon attente.

Epuisé par l'inanition, et par la grande chaleur de ces jours d'été, craignant de défaillir totalement et de ne pouvoir accomplir jusqu'au soir mon vœu d'abstinence, l'insurmontable révolte de ma chair me força à prendre un peu d'eau vers midi. Puis arriva la troisième nuit en laquelle j'avais mis mon suprême espoir, mais elle passa aussi sans rien m'apporter.

Au réveil, voyant l'obscurité de la nuit s'éclairer par un brillant soleil, je gémis et m'affligeai plus qu'on ne peut le dire ou le croire de n'avoir pas obtenu une semblable illumination du Soleil de Justice. Les Juifs me voyant me macérer par une abstinence inusitée supposèrent que j'avais commis quelque crime parmi les chrétiens, l'accusation du Juif dont j'ai parlé les excitant à me juger défavorablement. Leur soupçon m'étant connu devint pour moi une nouvelle cause de trouble et accrut la douleur de mon cœur. Quoique je fusse toujours bien reçu parmi les Juifs et que personne ne me cherchât querelle, je ne pouvais supporter sans honte ces mauvais bruits. Considérant cependant que le Dieu miséricordieux qui peut accorder les plus grands trésors aux hommes a coutume néanmoins d'éprouver auparavant leur persévérance dans la prière et leur patience dans l'attente, je recouvrai la constance de mon courage ; je me relevai de cette pusillanimité et je recommençai à frapper sans cesse par mes larmes et mes prières à la divine Bonté, lui disant avec le Prophète : « Montre-moi tes voies, Seigneur, fais-moi connaître tes sentiers, dirige-moi dans la vérité et instruis-moi » (Ps. xxiv.)

CHAPITRE IX

Comment il se livrait à des discussions avec des clercs pour rechercher la vérité catholique.

Cherchant en moi-même par quelles études j'arriverais à la connaissance de la vérité, il me sembla que si je demandais à des ecclésiastiques très versés dans la connaissance de l'Ancien Testament de m'accorder un entretien sur les oppositions des religions juive et chrétienne, s'ils pouvaient me montrer les fondements de

leur secte par des témoignages formels de la Loi et des
Prophètes et me prouver qu'elle seule, comme ils l'affir-
ment, ouvre l'entrée du royaume des Cieux, je me
déterminerais à ne considérer que mon salut et, abandonnant la tradition de mes pères, j'embrasserais de
mon libre choix la vérité dont j'étais jaloux. C'est pourquoi, me mêlant chaque jour aux pieux docteurs de
l'Eglise, surtout comme je l'ai dit, à ceux qui étaient
versés dans l'Ancien Testament, les accostant à temps
et à contre-temps, je ne cessai de les poursuivre de mes
questions. Eux, voyant que je n'étais pas poussé à la
discussion par l'amour de la discussion elle-même
mais par le zèle de connaître la vérité, espérèrent me
séparer par leurs conférences et instructions de la
synagogue de Satan et travaillèrent à m'incorporer aux
entrailles de l'Eglise. Comme ils m'apportaient beaucoup de preuves de la venue du Christ tirées de la
Loi et des Prophètes, je m'efforçai m'appuyant sur
la lettre seule, d'établir que ces textes n'avaient pas
prédit le Christ ; ou bien, si je ne pouvais les nier, je les
détournais de leur sens par une interprétation spécieuse ;
ou encore, si je ne pouvais avoir recours contre l'évidence
à un de ces procédés, je sollicitais par ruse et par am-
bages mes interlocuteurs à me résoudre une autre
question. Car, étant estimé par les miens comme savant
dans la loi, c'était une confusion pour moi d'être réduit
au silence ou convaincu par les assertions des chrétiens,
assertions considérées chez nous comme contes de vieilles
femmes. Je ne considérais pas, malheureux que j'étais,
que cette confusion était agréable à Dieu : c'est mon
erreur qui était confondue, ce qui n'eût pas dû être pour
moi sujet d'ignominie, mais plutôt de gloire. Je poussais
donc, par mon désir de vaine gloire, comme un verrou
qui m'interdisait l'accès de la vérité et m'empêchait de
croire.

Souvent, tandis que je rétorquais, mais seulement
en paroles, les arguments des clercs, bien qu'ils les prou-
vassent par un raisonnement évident et des autorités
indiscutables, je les recevais d'une âme reconnaissante
et je renfermais dans mon cœur avec soin les belles
figures de l'Ancien Testament qu'ils m'expliquaient.

CHAPITRE X

Comment il fut forcé, contre sa volonté et son dessein, de prendre une épouse et fut retenu pour l'amour d'elle dans son erreur.

Mais le diable, auteur de toute haine, qui me retenait encore dans les liens de l'infidélité, voyant que je me rapprochais chaque jour de l'Eglise et que j'écoutais avidement la parole de Dieu qui me prémunissait contre toutes les embûches de ses attaques, violemment irrité de mes progrès, m'attaqua par les armes de ses plus antiques ruses. Celui qui rendit par une femme le goût du péché attrayant pour notre premier père (*Gen.*, III), qui de tous ses biens ne laissa à Job que son épouse, non pour le consoler mais pour le porter au mal (*Job.*, II), m'unit moi aussi à une femme, par le mariage, pour m'entraîner à la ruine.

En effet, un Juif, nommé Alexandre, à la fille duquel j'étais fiancé, vint me demander de fixer le jour des noces et il insista avec prières, exhortations et reproches. Moi qui étais alors incertain si je persévérerais dans le judaïsme ou si j'embrasserais le christianisme, pensant qu'une fois marié il me faudrait m'occuper de mes affaires domestiques, au lieu de passer mes jours, comme j'en avais coutume, dans les conférences et disputes, je jugeai qu'il valait mieux, si c'était possible, différer mes noces jusqu'à ce que Dieu eût daigné me faire connaître par quelque indice certain ce qui conviendrait le mieux à mon âme. Ayant donc réfléchi, je lui répondis que j'étais très reconnaissant de sa demande qui prouvait sa bienveillance à mon égard, mais que cependant je n'y pouvais accéder pour le moment, car j'étais décidé à aller étudier en France. Il revint souvent à la charge, cherchant à m'incliner à son désir, puis, voyant qu'il ne gagnerait rien sur moi, il passa des prières et des flatteries aux menaces et à l'intimidation, comme le scorpion dont le venin est dans la queue. Le conseil des Juifs s'étant réuni déclara que j'étais tellement perverti par mes entretiens avec les chrétiens que ni les vœux de mes parents, ni les conseils de mes amis, ni, ce qui est plus grave, l'autorité légale elle-même ne pouvaient me décider au mariage. Interrogé par ces Juifs, je répondis que je ne me refusais en aucune façon à ce mariage, mais que je désirais le remettre à plus tard, leur donnant le même motif que j'avais indiqué à mon beau-père. Entendant que je voulais partir en France, et soupçonnant, ce qui était réel, que je leur alléguais un faux prétexte, ils s'opposèrent d'un commun accord à ce qu'ils jugeaient un indice d'apostasie, s'écrièrent avec violence que je ne prenais pas ce parti, comme je le prétendais, par un désir d'étudier, mais par l'amour et l'attrait de la superstition chrétienne.

Qu'ajouterai-je ? Voyant que je demeurais attaché à mes desseins, ils m'invitèrent à choisir : de consentir à être marié selon les prescriptions légales, ou si je le préférais, d'être chassé de leur Synagogue. Et qu'on ne s'imagine pas que ceci fût de peu d'importance, car, parmi les Juifs, être chassé de la Synagogue, cela équivaut à être, parmi les chrétiens, retranché de l'Église par l'excommunication.

Comme le dit l'Ecriture, là où il n'y a pas de clôture le domaine sera ravagé (*Eccl.*, xxxvi), malheureux que j'étais, n'étant pas, à cause de mon infidélité, environné de la protection divine, je perdis par les ravages du diable toute la dévotion que j'avais eue pour rechercher la voie de la vérité.

Dès la première menace des Juifs, je fus saisi d'une immense terreur : si j'étais exclu de leur Synagogue, il ne me resterait désormais aucune possibilité d'y être rétabli. Même s'il y avait, ce que j'ignorais encore, quelque moyen de salut hors de la Synagogue, il m'était impossible, je l'avais bien vu, d'en effectuer par mes efforts une parfaite recherche, et il me semblait plus sûr de persévérer jusqu'à la fin dans une tradition que j'avais sucée du sein maternel plutôt que d'aspirer inconsidérément à une nouvelle religion que ni les signes, ni les raisonnements ne me démontraient. D'ailleurs, si je me trompais par une inévitable ignorance, je pourrais facilement obtenir l'indulgence d'un juge plein de bonté.

Dans ce raisonnement insensé, je perdis toute vigueur ; la sagesse de mon cœur s'obscurcit, j'abandonnai ma résolution précédente et je négligeai ce désir ardent par lequel je me consumais auparavant à la recherche de la vérité, causant ainsi la plus grande joie au diable qui s'acharnait contre moi et courant à ma perte, comme l'a prononcé le Seigneur par la bouche de ses Prophètes, je conclus *une alliance avec la mort et un pacte* de vaine sécurité *avec l'enfer* (Is., xxviii). Obéissant sans réserve à la volonté unanime des Juifs, je leur désignai le jour où je prendrais place dans la couche nuptiale.

A cette réponse ils marquèrent tant de joie, l'allégresse fut si générale, que cette faveur publique m'attirait encore plus au consentement que la crainte ne m'y avait auparavant poussé.

Le jour du festin nuptial, une grande foule non seulement de Juifs mais de mes amis chrétiens vint à moi. Si ceux-là prenaient part à ma fausse félicité, ceux-ci s'affligeaient dans leur tendresse chrétienne de ma funeste chute et la maudissaient à la lumière de leur piété. Comment, disaient-ils, malheureux Judas, es-tu tombé si vite et si facilement d'une bonne résolution à un tel abîme de perdition ? Comment, ayant mis la main à la charrue, es-tu si rapidement revenu en arrière ? Nous t'avons toujours donné des avis salutaires par lesquels nous espérions que tu serais amené à croire au Christ auteur de notre salut. Et voici que contre notre attente tu as choisi de suivre ta concupiscence et, abandonnant tout espoir de salut, tu t'es voué tout entier à la perdition. Oh malheureux ! tu nous as trompés et tu t'es trompé toi-même plus tristement encore !

Puisses-tu savoir et comprendre, prévoir tes fins dernières, connaître quels supplices te réserve la

géhenne de feu si tu persistes dans ta superstition !
Reçois le conseil salutaire de notre charité tandis que
le chemin de la pénitence t'est encore ouvert, de peur
que si tu ne veux pas t'y décider maintenant que tu le
peux, tu ne commences à le vouloir que trop tard,
lorsque tu ne le pourras plus.

Si tu embrasses de tout ton cœur la foi du Christ et
si tu es régénéré par l'ablution salutaire, tu recevras de
Lui le pardon total et parfait de tes erreurs, en même
temps que la pleine connaissance de cette vérité que tu
commençais à rechercher. Car, il l'a dit Lui-même, Il
ne rejette aucun de ceux qui viennent à Lui et Il
départit plus abondamment sa grâce à ceux qui se
tournent vers Lui par la foi puisqu'Il déclare avoir été
envoyé par Dieu le Père uniquement pour les retirer de
leur erreur. « Je ne suis envoyé, » dit-il, « que pour les
brebis perdues de la maison d'Israël. » (*Mat.*, xv.) Si
donc Il est venu le premier pour te chercher, Il se lais-
sera facilement trouver par toi si tu Le cherches avec
une foi droite et un cœur pur.

Ainsi ces chrétiens s'efforçaient d'ouvrir par le soc
de leurs exhortations mon cœur dur comme le diamant
et de l'amollir par la grâce de la componction. Et moi
je demeurais comme sourd à leurs conseils salutaires,
car ces oreilles que le Seigneur réclame dans son Evangile, « que celui-là entende qui a des oreilles pour
entendre » (*Mat.*, xiii), oreilles du cœur, oreilles de
l'esprit, je ne les avais pas. Et, parce que je manquais
de l'ouïe spirituelle, je méprisais ce que j'entendais seulement de l'oreille du corps.

Bientôt, lorsque je fus initié à la corruption de la
chair, la délectation impure et l'amour de mon épouse
obscurcirent tellement mon intelligence que je ne sentais
même plus la profonde langueur de mon âme, ce qui
est habituellement l'indice d'un état désespéré. N'ayant
plus comme autrefois à combattre l'assaut des tentations, parce que je gisais énervé et vaincu, je m'esti-
mais heureux dans cette fausse paix des vices et je me
vautrai dans cette volupté de la chair où j'avais autrefois si grand'peur de tomber.

L'Apôtre dit de ceux qui sont mariés : « Celui qui est

marié s'occupe des choses du monde et cherche comment plaire à sa femme, de telle sorte qu'il est divisé » (I *Cor.*, vii). Je commençai à être enchaîné par de multiples soins du monde, je ne m'inquiétais plus de chercher les choses de Dieu mais j'aimais seulement à m'occuper de plaire aux yeux de mon épouse.

CHAPITRE XI

Comment, après qu'il a été quelque temps enchaîné par son épouse, son zèle pour chercher la vérité s'enflamme à nouveau.

Trois mois s'étant écoulés, je commençai à souffrir de cette mortelle léthargie de mon âme et reprenant cœur, me réveillant du sommeil de cette ignorance, je cherchai à me rendre compte d'où j'étais tombé par ma négligence et dans quel tourbillon de misère j'étais précipité. Et alors, comme il est écrit : « qui trouve la science trouve aussi la douleur » (*Eccl.*, i), je commençai dans cette considération de ma misère à être touché d'une profonde douleur, à frapper du poing ma poitrine, à répandre une abondance de larmes mêlée de fréquents soupirs, reconnaissant combien j'étais malheureux et misérable de m'être précipité dans le gouffre de la perdition pour un peu de délectation charnelle.

Ayant par cette componction quelque peu recouvré de confiance en la bonté divine, j'entrepris de retrancher de mon âme les vains soucis du siècle, de maintenir les concupiscences de la chair par le frein de la continence, et, comme j'avais fait de mes membres les instruments du péché, je m'efforçai de les faire servir à la justice de Dieu.

Cependant je conservai encore mes doutes d'autrefois quant aux croyances opposées des Juifs et des Chrétiens et je savais que sans la foi il est impossible de plaire à Dieu (*Heb.*, xi) et que tout « ce qui ne vient pas de la foi n'est que péché » (*Rom.*, xiv), je me proposai donc derechef de débarrasser mon cœur, si Dieu voulait m'y aider, des ténèbres de l'incertitude et de découvrir la lumière de la vraie foi. Recherchant avec zèle, comme auparavant, les plus savants docteurs de l'Église, je leur demandais qu'ils me rendissent raison de leur foi et de leur religion ; ce qu'ils faisaient en produisant à mes yeux un grand nombre de témoignages de l'Écriture et de figures de l'Ancien Testament, car je voulais contrairement à l'ordre des choses, préparer la foi par l'intelligence quand je ne pouvais en aucune façon acquérir cette intelligence qui doit être préparée au moyen de la foi selon la parole du prophète : « Si vous ne croyez pas, vous ne comprendrez pas. » (*Is.*, vii.)

Un jour, il m'arriva d'entrer en controverse avec un maître renommé ; comme, au cours d'une longue argumentation très serrée, aucune des choses les plus plausibles qu'il avançait ne parvenait à forcer mon assentiment, un des clercs qui suivaient ses leçons, voyant la dureté et l'obstination de mon cœur, s'écria : Pourquoi, maître, pourquoi t'efforces-tu en vain : Pourquoi jettes-tu tes paroles au vent? Pourquoi sèmes-tu dans le sable? Tu sais bien par le témoignage de l'Apôtre que jusqu'à ce jour quand les Juifs lisent Moïse, un voile est posé sur leur cœur. (II *Cor.*, iii.) Entendant ces mots et sachant fort bien, versé comme je l'étais dans l'Ancien Testament, à quoi ces paroles faisaient allusion, je fus saisi de terreur craignant que, de même que les fils d'Israël ne purent autrefois supporter la vue de la face de Moïse rayonnant de gloire sur la montagne si ce n'est à travers un voile (*Exod.*, xxxiv), de même je ne pourrais atteindre l'intelligence mystique de la loi de Moïse que par l'intermédiaire des ombres et des figures charnelles et non par une claire vue de l'esprit.

Je recommençai à me dessécher d'anxiété, ne sachant ce que je ferais, comment je pourrais ôter le voile de mon cœur afin de pouvoir contempler à nu la claire vue de la vérité. Je me réfugiai donc d'un cœur contrit et humilié près du Père des lumières, je me prosternai répandant des larmes et des prières devant la face de sa Bonté, criant avec le Psalmiste : « Ouvre mes yeux et je considérerai les merveilles de ta loi. Donne-moi l'intelligence et j'étudierai tes préceptes et je les garderai de tout mon cœur. » (Ps. cxviii.) Et comme les Chrétiens m'avaient appris la grande puissance de la croix, je traçais souvent sur mon cœur le signe de cette croix, espérant qu'il me serait le plus précieux secours pour me délivrer du voile de la perfidie. Mais à quels artifices le cruel ennemi n'eut-il pas recours quand il me vit m'armer contre lui d'un tel secours, moi qu'il tenait encore sous son pouvoir tyrannique et captif dans les liens de l'infidélité? Ou quand il vit s'affranchir de lui son pupille qu'il dominait selon la loi, lui qui ne cesse de chercher à réduire sous le joug, par sa cruauté illicite et impie, les serviteurs fidèles de Dieu eux-mêmes?

Afin donc de pouvoir me séduire plus facilement, moi qui étais moins circonspect qu'eux, il se transforma en ange de lumière et ne m'attaqua pas de front mais par des ruses subtiles. Il se mit à rappeler à ma mémoire divers préceptes de la Loi, entre autres ce commandement qui fut donné aux Juifs (*Exod.*, xxxiv) de n'imiter en rien le culte immonde et exécrable à Dieu des Gentils, de ne pas participer aux superstitions des nations ni de les reproduire aucunement, eux que Dieu avait, du milieu de ces nations, choisis pour son peuple (*Deut.*, vii). L'ennemi rusé devait d'autant plus facilement m'amener à le croire que mon sentiment secret était d'accord avec lui quand il me montrait que j'étais un prévaricateur de la Loi. Aussi ma conscience, obéissant à l'inspiration diabolique, se mit à me reprocher d'avoir transgressé la loi divine et, pour obtenir le pardon de ce que je croyais un crime énorme, je me châtiai par la pénitence des larmes et du jeûne.

Peu après je revins de cette démence et, m'apercevant que cette pénitence n'était pas une expiation mais une offense de plus, je recommençai à pleurer l'erreur de mon ignorance et à me munir, avec plus d'assiduité qu'avant, du signe de la croix. Mais hélas! je ne méritai pas de sentir qu'opérait le remède par la force vitale duquel je me reconnaîtrais enfin racheté de la malédiction de la Loi. Que ferais-je? Tout espoir de conseil et de secours s'enfuyait de mon âme. Mes larmes recommençaient à couler par ruisseaux, mes soupirs à s'exhaler du plus intime de mon être. Et je me dis à moi-même : Hélas! misérable que je suis, que ferai-je? Où me réfugierai-je? Quel espoir de salut pourra-t-il me rester si je ne suis tout à fait ni juif ni chrétien? Si le dernier jour survenant comme un voleur (II Petr., II) me saisit en cet état, où irai-je? D'une façon comme de l'autre je périrai. Telle fut l'amertume de mon cœur, qu'à défaut de ma langue mon visage la manifesta par sa maigreur et sa pâleur. Tous ceux qui me savaient d'une origine distinguée, aussi notable par la science que par la fortune, me voyant pris subitement d'un amaigrissement si peu habituel, s'en étonnaient d'autant plus qu'ils ne me voyaient atteint par aucun souci ni aucune traverse.

CHAPITRE XII

Comment il fut illuminé
par les prières de pieuses femmes.

Je me réfugiai avec confiance vers Dieu qui seul considère les travaux et les douleurs et je me tournai vers Lui comme vers un inébranlable lieu de refuge, pour répandre ma prière en sa présence et exprimer devant Lui la tribulation de mon cœur, priant avec larmes qu'Il m'accorde des consolations qui réjouissent mon âme à la mesure de la multitude de mes douleurs et qu'Il daigne étendre la droite de sa Majesté pour me retirer des ténèbres et des ombres de la mort puisqu'Il voyait que je défaillais de toutes parts dans ma propre infirmité. Ce que je demandais de Lui avec foi, il me

fut enfin donné de l'obtenir. Mû par l'inspiration intérieure, je commençai à considérer prudemment que, de
même qu'un serviteur ayant perdu les bonnes grâces
de son maître ne les peut recouvrer sans que quelques
amis de ce maître interviennent pour lui, de même je
ne pourrais obtenir la grâce du Christ si je n'étais
soutenu par les intercessions de la sainte Église. Et
cherchant de qui je réclamerais de préférence les
prières comme ayant plus de mérite devant Dieu, je me
souvins de deux sœurs qui, dans la ville de Cologne,
près du monastère du bienheureux Maurice, menaient
une vie solitaire et recluse; l'une était nommée Berthe,
l'autre Glizmut, et la sainteté de leur existence répandait la suave odeur de leur renommée dans leur cité et
dans tout le voisinage.

Espérant être puissamment aidé devant Dieu par leur
patronage, je me hâtai de me rendre auprès d'elles, et
leur découvrant avec beaucoup de larmes par combien
de tentations j'étais obsédé, je les suppliai de daigner
offrir à Dieu leurs prières pour mon illumination.
Remplies qu'elles étaient de bonté et de compassion,
elles versèrent d'abondantes larmes sur mes misères et
promirent de se répandre devant Dieu pour moi en
d'infatigables et incessantes prières jusqu'à ce que je
reçusse la consolation tant désirée de la grâce céleste.

Oh combien est vraie cette parole de l'apôtre Jacques :
« La prière assidue du juste peut beaucoup ! » (*Gen.*, v.)
Car, peu de temps après, par les mérites et les prières
de ces pieuses femmes, une telle clarté fit soudain
resplendir dans mon cœur la foi chrétienne qu'elle
dissipa aussitôt les ténèbres antérieures de l'ignorance
et du doute, de sorte que, par une disposition éminem-
ment convenable, étant tombé par une femme, des
femmes me relevèrent par leurs prières.

Moi que tant d'arguments n'avaient pu convertir,
que les dissertations des plus grands clercs avaient été
impuissantes à amener à la foi du Christ, la pieuse
prière de simples femmes m'y attira.

CHAPITRE XIII

Comment il avança dans la foi.

Ayant donc trouvé par la grâce de Dieu cette perle unique et précieuse de la foi catholique, je commençai, à l'exemple du marchand de l'Evangile (Mat., XIII), à mépriser toutes les choses temporelles pour l'amour d'elle, afin de m'enrichir par sa possession si salutaire et bienfaisante. Me délivrant donc autant que je le pouvais des soins matériels et impatient du moment où je serais libéré de tous, je prenais à peine ma nourriture chez moi, je fréquentais avec une grande dévotion les basiliques sacrées et je jouissais d'entendre maintenant la parole de Dieu du cœur aussi bien que des oreilles.

Cependant j'agissais en secret, car, étant encore faible et tendre dans la foi, je craignais la persécution des Juifs comme ce Nicodème qui vint à Jésus la nuit (Joan., III). Puis, entendant le Seigneur dire avec force à ce même Nicodème dans son Evangile : « Celui qui ne renaît pas de l'eau et de l'Esprit ne peut entrer dans le royaume de Dieu » *(Ibid.)*, je me mis à désirer ce sacrement de régénération avec ardeur, puisque sans ce remède, selon la parole même du Seigneur, je ne pourrais entrer dans le royaume céleste.

CHAPITRE XIV

Comment il voulut retirer son frère du judaïsme et comment les Juifs conspirèrent contre lui.

Sachant qu'il avait été commandé par le Seigneur aux fils d'Israël qui devaient quitter l'Egypte de ne pas partir les mains vides mais d'emporter les dépouilles égyptiennes (*Exod.*, xi), instruit par un tel exemple, je ne voulais pas moi non plus sortir d'Egypte, c'est-à-dire des ténèbres de l'infidélité judaïque les mains vides, mais emporter avec moi quelque objet d'or et d'argent ou quelque vêtement précieux, c'est-à-dire une conquête douée de raison qui pût non seulement orner le temple du Souverain Roi mais le devenir elle-même selon ce que dit l'apôtre Paul : « Le temple saint de Dieu que vous êtes vous-mêmes. » (I *Cor.*, iii.)

J'avais à Mayence un frère, de père et non de mère, que je désirais ardemment rendre avec moi héritier de la grâce divine par le sacrement de la régénération afin que, n'ayant pas la même mère selon la chair, nous en ayons une commune qui est l'Eglise, par notre naissance spirituelle.

Les Juifs, voyant que je ne me rendais plus jamais à leur synagogue aux jours accoutumés, tandis qu'auparavant, comme ce peut être connu par ce qui précède, je craignais tant d'en être exclu, supposèrent qu'un tel changement n'était pas amené par une cause légère. Ils me dressèrent donc des embûches et épièrent curieusement toutes mes démarches et toutes mes actions.

Comme je ne faisais guère autre chose chaque jour que de suivre les exercices religieux, ils s'en aperçurent et conçurent contre moi une si violente colère que, s'ils avaient eu la possibilité d'accomplir ce crime, ils n'eussent pas hésité à me lapider de leurs propres mains. Mais, aveuglés par les ténèbres de leur perfidie et de leur malignité, ne pouvant perpétrer eux-mêmes ce crime parricide, ils s'efforcèrent, ce qui sera un accroissement à leur damnation, d'y faire collaborer les autres, et ne pouvant réaliser effectivement le forfait, ils se précipitèrent dans la culpabilité de la volonté.

Sachant que je me disposais à me rendre à Mayence, ils se réunirent contre moi méditant des conseils, comme il est écrit (Ps., ii ; Mat., xxvi), dont ils ne purent assurer l'effet.

Ils écrivirent à mon insu aux Juifs de Mayence et leur envoyèrent ces lettres écrites en hébreu par un certain Volcquin chapelain de la reine Richza, les priant, en substance — de me saisir comme perfide et apostat et de m'infliger selon toute la rigueur légale les peines que ces crimes comportaient. Mais, comme le dit l'Apôtre : « Si Dieu est pour nous, qui sera contre nous ? » (*Rom.* viii) Celui donc qui dissipe les conseils des nations et réprouve les desseins des princes (Job., v, Ps. xxxii), dissipant en un clin d'œil les projets de ces hommes, non seulement me délivra de leurs embûches mais couronna miséricordieusement de succès le désir que j'avais conçu de gagner mon frère.

CHAPITRE XV

Comment les lettres écrites contre lui par les Juifs tombent miraculeusement en son pouvoir.

Par une disposition divine, je me trouvai avoir pour compagnon de route ce même clerc qui se rendait à Mayence pour y remplir sa mission. Comme ni l'un ni l'autre de nous ne connaissait rien des affaires de l'autre nous parlâmes tout en marchant de divers sujets ; il nomma les parents que j'avais à Mayence sans savoir que nous étions de la même famille et dit qu'il allait leur porter un message secret. Entendant cela, bien que j'ignorasse les embûches que me préparaient les Juifs, je commençai à soupçonner ce que pouvait être sa mission et tout ce que les Juifs machinaient par elle. Parlant au clerc, je lui dis qu'il portait les lettres des Juifs au grand détriment de son âme. Comme on lui avait recommandé le secret, il niait qu'il eût des lettres, mais, ajoutant peu de foi à sa négation, je continuais à lui affirmer qu'il les possédait et qu'il attirerait sur lui les menaces du châtiment divin si malgré mes avis il remettait ces lettres aux Juifs de Mayence, car elles seraient la cause d'un grand mal.

Avec beaucoup de prières et de menaces je vins à bout de lui arracher l'aveu de la vérité. Il me confessa

que tout était comme je l'avais dit et me pria de lui
découvrir toute l'affaire de ces lettres. Et alors, chose
qui paraît extraordinaire mais qui, je l'atteste devant
Dieu, est profondément vraie, je lui ai donné le sens
et le résumé d'après mes seules conjectures exactement
comme si je les avais lues ou que quelqu'un m'en
eût dit la teneur. Ce qui ne se produisit pas par hasard
mais par la providence et l'inspiration de Dieu qui
voulait m'arracher à la perverse attente du peuple juif
et conduire à un glorieux résultat l'œuvre sainte que
j'avais entreprise. Recevant alors les lettres du messager, j'y lus la maligne accusation des Juifs contre moi
telle que je l'avais soupçonnée et, rendant grâces à Dieu
avec une grande joie pour ma délivrance, je livrai au
feu ces écrits venimeux.

CHAPITRE XVI

**Venant à Worms, il se déclare chrétien avec
hardiesse au milieu de la Synagogue des Juifs.**

Je ressentis alors cette joie que le Psalmiste célèbre
dans ses incomparables chants d'allégresse : Notre âme
est alors comme le passereau échappé aux lacs des chas-
seurs; nos liens sont brisés et nous sommes délivrés
(Ps. cxxiii), et je fus rempli d'un amour si ardent pour
la foi catholique que, déposant toute crainte, et ma
pusillanimité étant chassée par la charité (I Joan, iv),
j'eus l'audace de publier délibérément que le Christ est
la Vertu et la Sagesse de Dieu (I *Cor..* i) en présence de
ses ennemis les Juifs, et, ne me contentant pas de le
crcire pour être justifié, je le confessai de bouche pour
être sauvé (*Nom.,* x). En effet, arrivant à Worms où
j'avais un frère germain du nom de Samuel, j'entrais
dans la Synagogue des Juifs, le jour où ils ont coutume
de s'y réunir et je les entendis lisant les superstitieux
commentaires de leur Gamaliel sur l'Ancien Testament.

Embrasé d'une divine ferveur, animé d'une grande confiance et inspiré par la grâce, j'entamai avec eux une discussion sur les prophéties, déclarant quelle était ma foi et combien j'avais agité les questions de l'orthodoxie avec un grand nombre de chrétiens. Je leur démontrai facilement combien étaient sottes et nulles les fables que Gamaliel avait récoltées au sujet des Ecritures, leur prodiguant la douceur melliflue des allégories spirituelles, et, par des citations nombreuses et probantes de la parole divine, je fermai cette bouche par laquelle ils osent dans leur aveugle orgueil et leur orgueilleux aveuglement, blasphémer le Christ et dénier le ciel à la Sainte Eglise. On peut se figurer de quelle stupeur furent saisis tous les Juifs qui étaient là lorsqu'ils me virent attaquer avec tant de force les traditions de leurs pères, moi qu'ils espéraient devoir en être — Juif fidèle entre tous les Juifs — le meilleur défenseur. Je livrai un combat acharné contre le chef de la synagogue et contre mon frère dont j'ai parlé plus haut, tournant longuement à leur confusion les pages de la Loi et des Prophètes, desquelles je tirai abondance de témoignages pour la défense et l'appui de la foi chrétienne, et je fermai toute issue à leurs calomnies sur le Christ et la sainte Eglise.

Me voyant me déclarer en faveur des chrétiens par une étude si approfondie, ils commencèrent à m'appeler demi-chrétien, voulant insinuer par ce nom que j'avais été circonvenu par les ruses des chrétiens. A la fin, ils s'enquirent si, dans tout ce que j'avais dit pour la défense de la foi chrétienne, mon esprit et ma langue avaient été d'accord. Craignant que si je confessais l'exacte vérité, leurs embûches m'empêchassent de leur arracher mon frère, je répondis de telle sorte que je ne niais pas être chrétien mais que je ne le déclarais pas ouvertement non plus. « Ayant coutume, dis-je, de disputer fréquemment avec les chrétiens, je connais la plus grande partie de leurs arguments contre les Juifs; j'ai pris vis-à-vis de vous leur personnage afin qu'instruits par cett' joute, vous vous mettiez en meilleure posture en leur présence si vous êtes contraints de discuter. » Ils reçurent cette réponse avec reconnaissance.

CHAPITRE XVII

Comment à Mayence il parvint à enlever secrètement son frère.

Après cela, me rendant à Mayence, je voulus enlever furtivement l'enfant à sa mère et le conduire secrètement hors de la ville de crainte des Juifs. J'avais ordonné à un serviteur de nous attendre avec une monture dans un lieu sûr, mais l'odieux ennemi du salut de l'homme comprenant que ce rapt, inspiré par Dieu et non par lui, devait conduire à Dieu et non à lui, s'efforça de l'empêcher par les artifices de sa malignité. En effet, bien que tous les chemins de cette ville me fussent parfaitement connus, mes yeux, chose étonnante à dire, furent obscurcis par une illusion diabolique, si bien que de la première à la sixième heure du jour, j'errai sur toutes les places de la cité sans trouver moyen d'en sortir. L'enfant était las et pleurait de fatigue, je le pris sur mes épaules, ce que voyant beaucoup de chrétiens, ils se moquèrent de moi comme d'un insensé.

Couvert de confusion et étreint par une angoisse inexprimable, je songeai qu'il me restait un unique secours et implorant l'aide divine je traçai sur mon front le signe de la croix. Miracle ! Cette porte de la ville qu'en tournant et retournant tant de fois je n'avais pu découvrir, je l'aperçus à mon inexprimable joie aussitôt que je me fus armé du signe de la croix, l'illusion diabolique étant ainsi brisée ; et, sortant, je trouvai le serviteur qui nous attendait avec des chevaux au lieu que je lui avais indiqué. Peu après que nous eûmes quitté la ville, des Juifs de Cologne y arrivèrent en bateau et apprirent à ceux de Mayence que j'avais à Cologne caché des livres et de l'argent chez des chrétiens, ce qui indiquait bien que j'avais décidé de passer à leur secte. La mère de l'enfant ayant entendu cela en fut très troublée et effrayée ; elle me fit rechercher de tous côtés, mais comme on ne me trouva pas, rendue folle par l'excès de sa douleur, elle courut en gémissant trouver les premiers de la ville, déclarant avec des cris lugubres que son fils lui avait été enlevé. On envoya aussitôt des hommes chargés de se saisir de moi, mais comme rien ne résiste aux décrets divins (*Rom.*, XIII), il fut impossible d'y parvenir puisque je servais l'accomplissement de ces desseins. Poursuivant donc avec l'enfant le chemin que j'avais pris, j'arrivai vers le soir au monastère de Welanheim. Le pieux désir de mon cœur était connu des frères qui m'accueillirent avec charité et allégresse.

Tandis que nous soupions, un messager envoyé à notre recherche se présenta à la porte et demanda au portier si un Juif conduisant un enfant n'était pas entré. Celui-ci qui était un homme simple, ne soupçonnant aucune embûche, lui répondit la vérité ; alors ne voulant pas que les frères fussent molestés à cause de moi, je leur recommandai l'enfant afin qu'ils l'instruisissent dans les saintes lettres et je me réfugiai au couvent de Revengresbruch où je fus reçu avec grande joie par les frères et admis comme catéchumène le troisième jour des calendes de novembre.

CHAPITRE XVIII

D'une vision qu'il eut avant son baptême.

Trois semaines environ après que j'avais été reçu catéchumène, le mercredi avant le dimanche où je devais être baptisé, j'eus un songe très doux à raconter comme il le fut à voir. Je vis le ciel ouvert du côté de l'orient et son architecture imaginaire, qu'il me semblait percevoir par la vue, était tout entière déco-

rée de l'or le plus pur. J'y vis le Seigneur Jésus assis
sur un trône élevé et resplendissant de la gloire de son
Père. Il tenait comme sceptre triomphal sa Croix sur
son épaule droite. Il me sembla qu'Il était entouré de
quelques-uns de ses meilleurs amis et je me délectai
ineffablement dans l'indicible suavité de sa contempla-
tion. Et voici que deux de mes cousins, l'un desquels
avait nom Nathan et l'autre Isaac, passèrent derrière
moi d'un pas si rapide qu'il était facile de comprendre
que cette béatitude ne leur était pas montrée pour leur
consolation mais pour leur supplice, afin que leur âme
fût déchirée parce qu'il ne leur était pas permis de jouir
de cette gloire des saints qu'ils apercevaient. Me tournant vers eux je leur parlai ainsi : « O malheureux,
est-ce que cette image de la croix que vous voyez sur
l'épaule du Christ ne vous rappelle pas cette prophétie
d'Isaïe : le signe de son règne est sur son épaule ?
(Is., ix.) Autrefois vous avez dédaigné de vous rendre
à mes exhortations et de croire à cette prophétie du
Christ que vous voyez aujourd'hui accomplie à votre
perpétuelle confusion. » Et eux, pénétrés de terreur,
me répondaient avec peine, d'une voix basse et humble,
disant : Cela est vrai, ô cousin, mais ce l'est malheureusement trop ! Ce que tu rappelles nous est prouvé
trop tard, lorsque n'ayant plus le temps de faire une
pénitence salutaire, sans aucun espoir d'être sauvés,
nous sommes destinées à la géhenne éternelle. »

A peine avaient-ils achevé de parler qu'ils disparu-
rent, et l'Ecriture fut accomplie en eux qui dit : « Que
l'impie disparaisse et qu'il ne voie pas la gloire de
Dieu. » (Is., xxvi.)

Je connus alors que par mes prières, mes larmes et
mes jeûnes, j'avais obtenu de recevoir du ciel cette
vision pour mon illumination et je surabondai de joie
spirituelle en ce que j'avais vu, rendant à Dieu les
grâces qui Lui étaient dues pour une si suave vision par
laquelle j'étais fortifié dans la foi.

CHAPITRE XIX

Comment il fut baptisé et quelles ruses du diable il eut à déjouer jusque dans son baptême.

Il vint enfin ce dimanche où je devais être dépouillé du vieil homme et de ses œuvres, et revêtu de l'homme nouveau par le sacrement de la régénération. Tout le clergé de Cologne se réunit avec allégresse dans la basilique du Bienheureux Pierre Prince des Apôtres, où les fonts étaient préparés pour la célébration du mystère de salut. Dans ces fonts consacrés et fécondés par l'invocation du Saint-Esprit pour la régénération des âmes, j'entrai vers la troisième heure, confessant de tout mon cœur ma foi en la Sainte Trinité et rempli de dévotion et de contrition. Mais hélas ! chose pénible à dire, à l'article même du baptême la ruse de l'ennemi ne cessa pas de me combattre. Car, de même que, selon le récit évangélique, l'enfant qui allait être délivré du démon par la miséricorde du Sauveur fut d'autant plus violemment agité que l'esprit mauvais allait être forcé de le quitter (Luc., ix), ainsi l'antique ennemi me livra des attaques plus violentes que jamais lorsqu'il vit que j'allais être arraché à sa tyrannie par le sacrement salutaire et divinement institué.

En effet, bien que sur tous les autres points de la foi catholique j'eusse été aussi éclairé que j'étais capable de l'être, par une négligence des prêtres ou plutôt par une ruse de mon ennemi, je n'avais pas été instruit de la triple immersion pratiquée dans le baptême au nom de la Sainte Trinité. Ayant donc été plongé dans la fontaine d'eau vive, tourné du côté de l'orient, je croyais que cette seule immersion suffirait pour ma rénovation. Les clercs qui entouraient le baptistère s'écrièrent que je devais être plongé du nouveau, mais moi qui sortais à peine de l'eau, je n'entendais pas distinctement leurs voix et je ne pouvais voir les signes qu'ils me faisaient à travers l'eau qui, de mon abondante chevelure, ruisselait sur ma face.

Ayant essuyé mon visage avec mes mains, je finis par saisir ce qu'ils voulaient; mais, glacé par le froid de l'eau, je ne m'y prêtai pas volontiers du premier mouvement. Cependant, docile à la douce exhortation du célébrant, je fis ce qui devait être fait pour mon salut. Mais, pensant que par une seconde immersion j'avais satisfait aux divins mystères, je recommençai à vouloir sortir de la cuve baptismale d'autant plus que j'étais absolument transi de froid. Le prêtre, d'une voix pressante, m'adjurait de me soumettre humblement à l'ablution vers l'occident afin que le sacrement fût consommé. La ruse diabolique me suggéra qu'on voulait se moquer de moi et, comme Naaman le Syrien qui lorsque le prophète Élisée lui ordonna de se plonger sept fois dans le Jourdain, s'indigna et voulut s'en aller (IV *Reg.*, v), dans une semblable démence je fus saisi de fureur, et, impatient de tout retard, je voulais m'élancer hors du baptistère. Par la grâce de Dieu, si l'ennemi s'était dressé entre moi, du moins il ne prévalut pas. De la même manière que Naaman, cédant aux conseils de ses compagnons, finit par obéir à l'avis salutaire du prophète *(ibid.)*, de même la douce exhortation des pieux clercs qui étaient présents donna de la force à la pusillanimité de ma foi et chassa de mon esprit ce mauvais soupçon qu'il avait conçu. Ainsi que — si l'on peut comparer les choses nouvelles aux anciennes — Naaman fut guéri visiblement dans Jourdain, de la lèpre de sa chair *(ibid.)*, ainsi je fus visiblement guéri dans le baptême de la lèpre de l'âme par la grâce septiforme du Saint-Esprit. La chair de celui-là débarrassée des souillures de la maladie, recouvra la pureté de l'enfance ; l'Église vierge-mère m'enfanta en une nouvelle naissance après que le bain de régénération m'eut dépouillé de ma vie ancienne.

Ayant changé dans ce sacrement aussi bien mon nom que l'ordre antérieur de ma vie, moi qui m'appelais Judas, je reçus le nom d'Hermann.

A cette glorieuse transformation effectuée par la droite du Très-Haut (Ps. LXXVI), à ce retour de la bre-

bis égarée rapportée sur les épaules du Bon Pasteur
dans le bercail de la sainte Eglise (Luc, xv), non seulement le clergé, mais tout le peuple fidèle applaudit par
l'exultation de ses louanges, les célébrant dans une joie
universelle. Et ce n'était pas sans motif, car, comment
le peuple chrétien ne se réjouirait-il pas de cette pénitence du pécheur converti qui, le Seigneur l'affirme,
apporte plus de joie à l'armée angélique que quatre-
vingt-dix-neuf justes ? *(Ibid.)* Quant aux Juifs qui
avaient le zèle de la Loi, mais non selon la science
(Rom., x), ils me pleurèrent amèrement comme perfide
et perdu.

CHAPITRE XX

**De quelle façon, après son baptême, il renonça
au siècle et se consacra au service divin dans
les ordres sacrés.**

L'esprit immonde avait donc été chassé de la demeure
de mon cœur par le bain de la régénération ; je
demeurais toutefois dans la crainte que s'il revenait il
trouvât vide cette demeure purifiée par une ablution
salutaire, ornée par les sacrements du Christ — vide
de l'exercice de la discipline spirituelle — et qu'il y
rentrât avec une pestilence sept fois plus grande qu'auparavant, si bien que mon état fût pire que le premier.
(Matth., xii.)
Je veillai afin qu'affermie contre la malignité de
l'envahisseur la demeure devînt digne du doux Christ.
Entendant le précepte évangélique : « Si tu veux être
parfait, va, vends tout ce que tu possèdes et donne-le
aux pauvres, puis viens et suis-moi » (Marc, x), et
celui-ci : « Si quelqu'un ne renonce pas à tout ce qu'il
possède, il ne peut être mon disciple » (Luc, xiv), je
commençai à mépriser joyeusement tout ce que je
possédais de biens temporels pour l'espoir et le désir

des biens éternels, jusqu'à ce que, délivré des pénibles
fardeaux du monde, je puisse marcher d'un pas dégagé
et assuré dans la voie étroite qui conduit à la vie.
Apprenant aussi du Psalmiste « qu'il est bon et agréable
pour des frères d'habiter ensemble » (Psal., cxxxii),
vers ce célèbre monastère de Cappenberg dont j'ai déjà
parlé, comme vers un port de salut, je m'enfuis loin de
la mer orageuse de ce monde où j'avais dû combattre
nu contre un ennemi nu ; je changeai de vie au dehors
comme au dedans et embrassai la règle de saint
Augustin.

J'assumai la tâche d'apprendre la langue latine, ce
à quoi je parvins en cinq ans avec l'aide de Dieu. La
charité des frères me jugea apte à recevoir les ordres
sacrés et m'y incita avec bonté. J'objectai humblement
-- ce qui était vrai — que j'en étais indigne et inca-
pable, protestant autant que j'osais le faire et refusant
modestement comme il convenait. Mais Dieu qui
« donne toujours sa grâce aux humbles » (I Petr., v),
me voyant choisir la dernière place entre ses convives,
daigna me dire : « Mon ami, montez plus haut. »
(Luc xiv.) Exultant de cette vocation, non dans la crainte
mais avec crainte, comme il est écrit (Ps. ii), je montai
graduellement aux ordres canoniques jusqu'à ce que je
parvienne à la très haute dignité du sacerdoce. Je
compris alors pour la première fois ce que signifiait
pour mon avenir ce songe que j'avais eu avant ma
conversion et que j'ai relaté au début de cet opuscule ;
et, ainsi que je l'ai promis plus haut, j'en vais donner
l'interprétation.

CHAPITRE XXI

Ce qu'il comprit alors du songe qui dans son
enfance lui avait annoncé ce que serait en lui
la grâce du Christ et comment il l'interpréta.

Voici l'interprétation de cette vision : l'empereur
terrestre qui m'apparut représente le Roi céleste dont

le Psalmiste dit : « Le Seigneur des vertus Lui-même est le Roi de gloire » (Ps. xxiii); Celui-ci eut à son service un grand prince, c'est-à-dire un ange, que dès le commencement de sa création Il établit au-dessus de tous les esprits angéliques afin qu'il commandât aux autres hiérarchies des anges. Et cet ange devint comme mort lorsqu'il s'éleva orgueilleusement contre Dieu (Is., xiv), il fut dépouillé de sa dignité, et d'archange devint diable. Ce Roi des rois daigna me visiter par sa grâce. Il me présenta un cheval blanc comme la neige lorsqu'Il m'accorda la grâce du saint baptême par lequel je devins en réalité plus blanc que la neige. Il me donna une ceinture, c'est-à-dire une vertu pour contenir le flux des désirs de ma chair. Les sept lourdes pièces de monnaie peuvent être considérées comme représentant les sept dons du Saint-Esprit qui ornent de la gravité des mœurs ceux qu'ils remplissent.

Celui qui, grâce à ces dons du Saint-Esprit, a déjà commencé à briller par la pureté de sa vie comme de l'argent éprouvé, commence aussi à rendre suavement le son de l'amour de Dieu et de la vie éternelle, ce qui est bien exprimé par la sonorité de l'argent. Ces sept deniers, afin de ne pas se perdre facilement, étaient renfermés dans une bourse; cela signifie que les charismes miséricordieusement accordés par le Saint-Esprit, retenus par l'espérance, ne seraient pas perdus, mais que je les conserverais sans fin pour vaincre toutes les attaques des tentations et acquérir le royaume céleste.

Quant aux princes irrités de mon heureuse fortune, c'étaient les esprits mauvais que l'Apôtre appelle gouverneurs de ce monde (Ephes., iv) ou bien encore les Juifs qui s'attribuent une prééminence entre les nations à cause de la loi qu'ils ont reçue de Dieu et qui s'irritèrent de me voir obtenir la grâce du Christ dont eux-mêmes n'étaient pas dignes. Moi, ceint de cette ceinture éblouissante, c'est-à-dire de la force de la continence, je montai le cheval royal, c'est-à-dire la grâce du baptême ne fut pas vaine en moi mais, ce qu'indique l'usage du cheval, je travaillai toujours à la cultiver, avec l'aide de Dieu, par les exercices spirituels et à en faire un bon usage.

Et j'ai suivi le Christ-Roi, méprisant le monde et ce qui est du monde, renonçant pour son amour non seulement à mes biens, mais à moi-même, faisant ce qu'Il atteste de Lui-même : « Je ne suis pas venu faire ma volonté mais celle du Père qui m'a envoyé. » (Joan., vi.)

Et, bien monté sur le cheval blanc, j'ai accompagné le roi, car nul ne peut suivre les traces du Christ s'il n'a pas reçu cette grâce baptismale que nous avons dit être figurée par ce cheval blanc.

Je désignerai comme ce palais dans lequel je l'ai suivi le lieu de ma conversion. Les endroits où sont réunis un grand nombre de clercs et de religieux pour vivre dans la régularité de la vie cénobitique, que seraient-ils sinon les palais du grand Roi ?

Là le Christ habite par sa grâce d'une manière habituelle et familière, par la chasteté et la piété de la vie.

Enfin j'ai été appelé à la table du roi quand j'ai reçu quoiqu'indigne le très saint ministère de l'autel.

Monter humblement à l'autel du Christ, c'est réellement s'asseoir à sa table. Mais quel est le banquet servi à cette table céleste, quelles en sont les délices, cela ne peut s'exprimer par des paroles ; ceux-là seulement les connaîtront qui par la grâce de Dieu mériteront d'en faire l'expérience. Quel banquet, dis-je, est-ce à l'âme de s'approcher avec une foi pure, une vraie humilité et contrition du cœur, de la table adorable de l'autel, d'y être rassasiée de la Chair de Jésus-Christ, l'agneau immaculé, d'être enivrée du calice de son Sang sacré, personne, je l'ai dit, ne l'a compris s'il ne l'a ressenti. Ensuite, le mets que je me suis vu manger à la table royale désigne à mon avis l'Evangile du Christ. Car, de même que ce mets était confectionné avec des herbes de diverses espèces, ainsi l'Evangile du Christ se compose de préceptes variés conduisant à la vie éternelle. Donc, manger ce mets au banquet royal, c'est, pour le prêtre admis à l'autel du Seigneur, considérer habituellement et profondément les préceptes du saint Evangile, les ruminer en quelque sorte dans son cœur, en pensant combien humble, combien dévot,

combien éclatant de chasteté, combien fervent dans la
charité doit être celui qui aspire à célébrer d'une façon
décente et agréable à Dieu d'aussi saints mystères. Le
Christ Roi se nourrit avec nous de ce qu'Il nous donne
pour la douceur de nos progrès spirituels. En effet,
qu'une pieuse obéissance aux décrets divins soit une
réfection agréable à son cœur, cela est attesté par
Lui-même dans l'Apocalypse : « Voici que je me tiens
à la porte et je frappe ; si quelqu'un m'ouvre sa porte,
j'entrerai, je souperai avec lui et lui avec Moi. »
(*Apoc.*, III.)

Je ne crois pas non plus devoir négliger que je me
suis vu manger avec le roi dans la même écuelle. Cette
unique écuelle signifie l'unité de la foi catholique.
Celui-là mange dans la même coupe que le Christ qui,
avec l'aide de sa grâce, garde les préceptes du saint
Evangile dans l'unité de la foi catholique.

Etabli maintenant par la grâce de Dieu dans cette
unité, comme le présagea jadis cette bienheureuse
vision, je sers le Seigneur, comme il est écrit (Ps. II),
avec crainte et je me réjouis en tremblant. Je me
réjouis en tremblant dis-je, car j'exulte d'être fidèle, ce
que je dois à la grâce, et je crains, car le profond et
insondable abîme du jugement reste ouvert devant moi,
si bien que je ne sais si je suis digne d'amour ou de
haine. (*Eccl.*, IX.)

Lequel des mortels, quelque juste, quelque saint qu'il
puisse être, ne redoute pas cette terrible sentence de
notre Sauveur qui a dit : « Beaucoup sont appelés mais
peu sont élus »? (Matth., XX.) J'ai confiance cependant
que le Seigneur Jésus qui a commencé en moi son
œuvre l'achèvera jusqu'à la fin ; et la grandeur des
bienfaits que j'ai déjà reçus m'excite à un immense
espoir de ceux à venir.

Voici que le Seigneur bon et miséricordieux a relevé
le pauvre de son fumier et Il l'a placé avec les princes
de son peuple (Ps. CXII) ; m'ayant miséricordieusement
arraché à la très impure et très néfaste secte de la
superstition judaïque, non seulement il m'a associé à
ses fidèles par l'unité de la foi catholique, mais, plein
de bonté et de mansuétude, Il a daigné me placer par

la grâce de la dignité sacerdotale au milieu des glorieux convives de son festin.

Qu'est-ce donc ceci, Seigneur? Tu as pensé à moi, indigne, dans les entrailles de ta miséricorde, tu m'as jugé digne de ces immenses richesses de ta bonté! J'espère, Seigneur, et, m'assurant en une telle bonté, je crois fermement que ta miséricorde m'accompagnera tous les jours de ma vie, puisque tu as daigné déjà me combler par une telle abondance de grâces pour lesquelles je ne cesse, ce qui n'est que juste, de t'immoler des louanges et des hosties de jubilation, à toi mon doux Illuminateur.

Vous tous qui lirez ou entendrez ceci, réjouissez-vous avec moi et félicitez-moi parce que j'étais mort et j'ai retrouvé la vie, je périssais et j'ai été sauvé! Glorifiez donc avec moi le Seigneur, qui vit et règne dans les siècles des siècles.

AMEN.

TABLE DES MATIÈRES

Pages.

1357-11. — Imp. des Orph.-App., F. BLÉTIT, 40, rue La Fontaine, Paris-Auteuil.

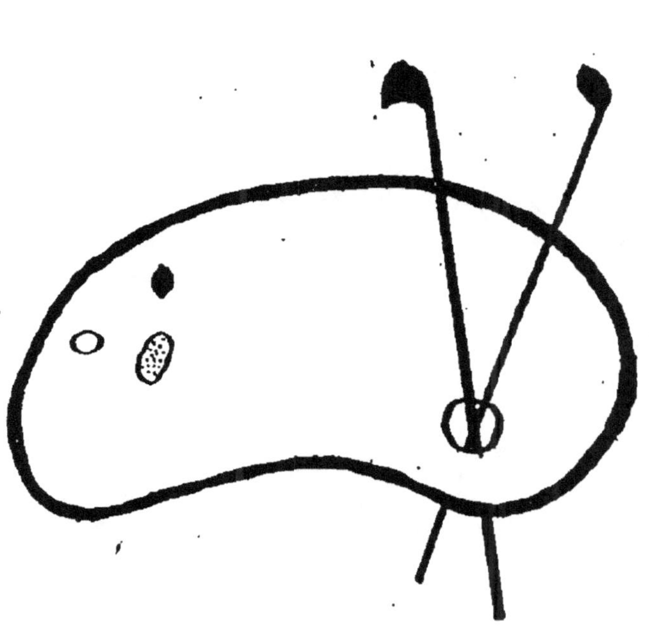

ORIGINAL EN COULEUR .
NF Z 43-120-8

www.ingramcontent.com/pod-product-compliance
Lightning Source LLC
Chambersburg PA
CBHW051135050726
47594CB00003B/1110